2022 年度河北金融学院学术著作出版资助项目

基于共容利益的民族地区
水资源税改革研究

赵晓明　著

中国财经出版传媒集团

经济科学出版社
Economic Science Press

·北 京·

图书在版编目（CIP）数据

基于共容利益的民族地区水资源税改革研究/赵晓明著．--北京：经济科学出版社，2023.8

ISBN 978 - 7 - 5218 - 4978 - 3

Ⅰ.①基…　Ⅱ.①赵…　Ⅲ.①民族地区 - 水资源 - 资源税 - 税收改革 - 研究 - 中国　Ⅳ.①F812.424

中国国家版本馆 CIP 数据核字（2023）第 136903 号

责任编辑：谭志军
责任校对：王肖楠
责任印制：范　艳

基于共容利益的民族地区水资源税改革研究

赵晓明　著

经济科学出版社出版、发行　新华书店经销

社址：北京市海淀区阜成路甲 28 号　邮编：100142

总编部电话：010 - 88191217　发行部电话：010 - 88191522

网址：www. esp. com. cn

电子邮箱：esp@ esp. com. cn

天猫网店：经济科学出版社旗舰店

网址：http://jjkxcbs. tmall. com

北京季蜂印刷有限公司印装

710×1000　16 开　12.5 印张　200000 字

2023 年 8 月第 1 版　2023 年 8 月第 1 次印刷

ISBN 978 - 7 - 5218 - 4978 - 3　定价：58.00 元

前 言
PREFACE

　　党的十八届三中全会在《关于全面深化改革若干重大问题的决定》中，将资源税列为深化财税体制改革的六大税种之一。2016 年 7 月，资源税改革以水资源税改革为试点而全面启动。水资源税是国家推进资源税扩围的第一个对象。民族地区是我国水资源税改革的重点地区，其具有鲜明的民族和区域特殊性。在民族地区实施水资源税改革，在充分考虑民族利益的基础上，实现利益相关者的共容利益，具有重大现实意义。围绕这一主题展开的研究具有重要理论意义。

　　任何税制改革，归根到底都是利益相关者的利益调整。对于相关利益主体来说，则是其利益结构的调整和重新均衡。民族地区水资源税改革的共容利益是一个动态均衡的过程和结果，是利益相关者的当前共同利益及长期趋向于共同的动态利益。

　　从短期上看，水资源税改革对民族地区利益相关者利益关系调整较大，从长期上看，利益相关各方的利益共容性不断增强，越来越趋向于共同利益，这也是水资源税改革对代内利益和代际利益调整的均衡结果。民族地区水资源税改革如何有序推进，能否顺利落地，取决于能否在较高程度上促进和实现利益相关者的共容利益。在这个过程中，仅谋求自身利益最大化的利益相关者最多只能短期获利，要想长期平稳发展，就需要合力建立长效互惠合作机制。因此，基于共容利益的民族地区水资源税改革就是运用利益相关者参与机制展开水资源税改革，并将利益相关者因素贯彻内生于水资源税制度设计之中的过程，以最终实现民族地区水资源节约、保护和合理利用，对民族地区经济发展和生态建设产生积极促进作用。

针对水资源状况复杂、叠加多元利益主体的民族地区水资源税改革，需要从利益相关者角度出发，结合民族地区特殊的水资源禀赋、时空分布、社会经济发展水平等因素，进行细致研究和系统性设计，以达到相关利益主体的利益共容与增进，确保水资源税改革顺利进行，实现民族地区水资源可持续利用。

本书从民族地区水资源税改革现状及利益相关者分析出发，以利益分析、矛盾分析为依据，以共容利益实现与增进为原则，探讨民族地区水资源税改革的共容利益实现的利益相关者参与机制，并从利益相关者利益共容视角设计民族地区水资源税制度的基本框架。主要内容如下。

第一章，民族地区水资源及税费制度。总体性概述包括水资源税改革的对象——民族地区水资源状况、特点，从历史视角对民族地区水资源管理的税费制度进行梳理。这是基于共容利益的民族地区水资源税改革研究的基础和前提。

第二章，民族地区水资源税改革的利益相关者。对利益相关者进行分类及结构分析，包括利益相关者识别，对居民、企业、政府三者的利益取向及其在水资源税改革中所受影响。通过不同角度的分析，进一步揭示不同利益主体间的利益关系。

第三章，民族地区水资源税改革的利益矛盾。首先，从利益关系、利益差别、利益矛盾和利益冲突等环节规定利益相关者之间利益矛盾的对立统一关系；其次，从权力与责任的关系角度，分析政府内部（央地政府及政府职能部门）利益矛盾关系；最后，分析政府与企业、政府与居民和居民与企业三对利益矛盾关系，并将之综合归结为社会间利益矛盾，即经济利益与生态利益的对立统一。

　　第四章，民族地区水资源税改革的共容利益。民族地区水资源税改革的共容利益体现为利益相关者矛盾系统的均衡。这是一个动态均衡的过程和结果，是利益相关者的当前共同利益及长期趋向于共同的动态利益。从总体和长期来看，这一矛盾系统可以抽象为经济利益与生态利益的对立统一。论证运用利益相关者参与机制实现由行政管理模式向协商模式的转变，以促进各方利益共容与增进。

　　第五章，体现共容利益的民族地区水资源税制度框架。首先，提出民族地区水资源税制度设计的指导思想；其次，围绕共容利益实现设计税制要素；最后，探讨具体税收征管和使用各环节。

CONTENTS ▷

目 录

导　　论

一、研究目的与意义

（一）研究目的

资源税在中国共产党第十八届中央委员会第三次全体会议（以下简称十八届三中全会）的《关于全面深化改革若干重大问题的决定》中被列为深化财税体制改革的六大税种之一。2016 年 5 月，财政部、国家税务总局发布《关于全面推进资源税改革的通知》提出，在"适度分权"原则下，逐步将资源税征收范围扩展到水、森林、草场、滩涂等自然资源。2016 年 7 月，河北水资源税①改革试点拉开了资源税扩围改革大幕，水资源税成为国家推进资源税扩围的第一个对象。

因其独特的水资源禀赋及经济社会和自然生态条件，民族地区②成为我国水资源税改革的重点地区。2017 年 12 月 1 日起的第二批水资源税改革试点中，内蒙古和宁夏进入试点行列。民族地区水资源税改革涉及复杂的利益主体和利益关系，改革的共容利益是一个动态均衡的过程和结果，改革能否顺利落地并有效实施，取决于是否较高程度上实现了其利益相关

① 严格而言，水是我国资源税扩围的一个对象，属于资源税的扩围税目。为表述简洁，本书采用学界普遍使用的概念"水资源税"。

② 采用学界普遍使用的界定，本书研究所论"民族地区"包括内蒙古自治区、新疆维吾尔自治区、广西壮族自治区、宁夏回族自治区和西藏自治区 5 个少数民族自治区及青海、云南和贵州三个民族省份。

者的共容利益。

民族地区具有鲜明的民族和区域特殊性及民族经济繁荣发展的要求，针对水资源状况复杂、叠加多元利益主体的民族地区水资源税改革，需要结合利益相关者及民族地区特殊的水资源禀赋、时空分布和社会经济发展水平等因素，进行细致研究和系统性设计，以达到相关利益主体的利益共容与增进。

本书研究从民族地区水资源税改革现状及利益相关者分析出发，以利益分析、矛盾分析为依据，以共容利益实现与增进为原则，探讨民族地区水资源税改革的共容利益实现机制，建构民族地区水资源税税制的基本框架及内容，为民族地区水资源税改革顺利进行，实现民族地区水资源和社会经济可持续发展提供理论支撑和政策建议。

（二）现实意义

（1）民族地区具有特殊的水资源禀赋及民族经济繁荣发展的要求，在民族地区水资源税改革过程中，充分考虑民族发展利益基础上探讨实现民族地区水资源税改革中利益相关者利益共容的模式和机制，具有重大的现实意义。

（2）通过体现共容利益的水资源税制度设计保障民族地区水资源税改革顺利进行，实现民族地区水资源和社会经济可持续发展。民族地区水资源税改革的效果较高程度上取决于对利益相关者利益调整与改革目标的匹配程度。本书研究基于利益相关者理论，以共容利益实现与增进为原则，将利益相关者参与纳入水资源税改革全过程，探讨民族地区水资源税制度框架，为民族地区水资源税改革顺利实施提供制度保障。

（3）为民族地区资源税扩围提供有益参考。水资源税是国家推进资源税扩围的第一个试点对象，试点旨在为全面推开改革积累经验，今后将会逐步对森林、草场、滩涂等自然资源开征资源税。通过对水资源税改革的研究，将为下一步民族地区扩围其他资源税提供基于共容利益实现的理念和经验。

（三）理论意义

从利益相关者及其利益共容视角对民族地区水资源税改革的研究，既有突出的实践意义，也有十分重要的理论意义。

（1）本书研究从利益相关者利益矛盾及其动态演化角度界定民族地区水资源税改革的共容利益，并以共容利益为出发点和归结点，探讨民族地区水资源税改革共容利益的实现模式和机制。既拓展和充实了利益相关者理论应用范围，完善了利益相关者理论分析框架，也对政府制定公共政策及社会治理提供了有益理论和案例借鉴。

（2）本书研究以民族地区水资源税改革利益相关者共容利益的实现与增进为原则，通过理论分析和对各试点地区水资源税制度的实践检验，提出对试点方案中纳税人、征税对象、计征方式、税率、纳税环节及税收优惠等税制要素和征收管理、分配使用等环节的改进和完善。

二、相关研究综述

（一）少数民族传统水文化及水资源管理非正式制度的研究综述

进入 21 世纪后，国内学界对少数民族水文化的研究和价值挖掘逐渐兴起，形成了一些成果，大部分是从具体民族聚居区的个案入手研究了其独特的水文化，以及对其水崇拜、水管理制度进行梳理，发掘其中的天地人和的价值，认为在当代水资源开发利用及治理中具有不可忽视的实际意义，同时也有少数学者从现代社会变迁对少数民族水文化的冲击进行了分析。

1. 少数民族传统水文化研究

一些学者以具体民族聚居区为个案进行研究，发掘其水崇拜中的独特水文化，及其与自然和谐共处的价值，看到了少数民族水文化对当代经济社会可持续发展具有的重要意义。郑晓云（2004）通过对红河流域少数民族水文化与农业文明的研究，认为庞大的灌溉系统是红河流域梯田农业的基石，也是红河流域农业文明的重要标志，千百年来构建了一个自然环境、人居、梯田三位一体的生存系统。耿鸿江（2005）从宗教、习俗、禁忌和乡规民约等方面分析了云南省纳西族、傣族和哈尼族等特有少数民族的水文化，认为天人合一、人和自然共生共存的自然观是云南少数民族水文化的基础。蔡红燕和李梅（2008）研究德昂族生产、生活习俗中的水文化和水观念，以及自然、社会与人相处的和谐状态。李昌松（2008）通过壮族、傣族人生礼仪中诞生礼仪和丧葬礼仪中对水的使用研究了两民族对水的崇拜。李福军（2008）认为纳西族的水崇拜习俗表现了对水的独特审美感受和对资源保护、对人类生存环境的珍视，最终表现出对人类生存和发展的人文关怀。张红（2010）分析了维吾尔族人关于水的习俗和禁忌所体现出的维吾尔族水文化的传承，从而达到水文化分析与水文化实践相接轨的目的。李全敏（2012）通过对德昂族佛教信仰体系中滴水仪式的分析，认为其中实践着该民族的生态话语权，这种地方性知识对应对当前的环保问题有积极的意义。罗勇（2015）认为客家人出于"山环水抱"的信仰，对水资源的利用和保护起到了重要作用，为科学利用和保护水资源提供了重要借鉴。巢译方（2015）从生态人类学对哈尼族水井在文化和生态上的意蕴进行了解读，认为其在哈尼族人民生活中占有无可取代的重要作用，不仅在哈尼族"村寨—森林—水源—梯田"这样一个"四位一体"的整个和谐的生态系统中起到对水循环的中间媒介作用，并且也是哈尼族文化的一个缩影。陈丹和李忠峪（2015）研究了我国西南地区的世居民族布依族。作为以稻作为传统生产方式的百越民族的后裔，水是布依族民众生活中重要的生计基础，千百年来，布依族民众以其卓越的智慧创造了绚丽多彩而又独具特色的水文化，布依族传统的水文化融水信仰文化、水物质文化和水制度文化三者于一体，是布依族民众集体智慧的结晶。作为民族传统文化的结构性组成部分，布依族传统水文化不仅体现了布依族民众敬畏自然、崇拜自然的朴素自然观和生态观，还体现了布依族民众对于水与社会和谐的紧密关联的认识。黄龙光（2017）认为西南少数民族水文化主要有神圣性、全民性、整体性、生活化、生态性与局限性六大特征，共同构成一个联动的整体，在水文化实践中共时存在，同时表征，不可能单独存在和运行。

一些学者提出要积极吸取少数民族聚居区用水习俗及传统管理制度中的用水实践智慧，重视其对现实水资源管理的内生意义。深入发掘、系统总结少数民族传统水文化中所蕴含的理性与智慧用以指导今天可持续发展的实践，具有重要的学术理论价值和实践应用价值。郑晓云（2005）认为傣族的水文化包括了傣族的水观念、社会生活习俗及有关水资源利用与保护的制度、规范等，在历史上发挥了保护水环境的重要功能，对于今天少数民族地区可持续发展具有深远现实意义。郭家骥（2009）认为，傣族的水信仰、水崇拜和水知识，是傣族的水文化，在这一文化理念指导下，傣族形成了一系列与水密切相关的宗教礼仪和用水习俗，和一整套可持续利用和管理水资源的技术和制度，有力地保障了西双版纳数千年来人与自然的和谐发展。龚石彦（2010）从云南少数民族古老的神话故事、原始宗教和艺术文化中，整理和挖掘水与人类生存的关系，以期获取先进的环境治理方法和有利于水资源的合理利用方式。王云娜等（2012）从文化的角度出发，分析云南少数民族生产方式、生活习俗、村规民约三个方面的传统民族文化，发掘云南少数民族传统文化与水资源管理的关系以及少数民族生产生活中对水资源具有保护作用的生态文化。认为少数民族传统生态文化不仅对现代水资源管理具有重要的借鉴意义，而且对加强我国水资源的保护和管理，促进水资源的可持续发展也具有重大的影响。陈瑞琪（2014）认为在与水的互动过程中，德昂族关于水的观念、禁忌，通过村进行了表达，形塑了社区规范，德昂族水文化及其社区功能，对化解当代水危机，保护水环境具有多方面价值。黄龙光（2014a）认为少数民族水文化是各少数民族群体在长期适应自然的过程中，在其水事活动中创造和传承的以水为载体的各种社会、文化现象的总和，是以水为中心的社会文化综合体。其内涵主要是水信仰、水技术与水制度的三维合一。全面研究少数民族水文化，具有传承民族文化传统，促进水文化学科建设，解决当代水困境问题，修复、重建水生态，构建生态和谐社会的现实意义。

一些学者在研究中，更进一步看到了少数民族传统水文化及其治理方式是现实中水资源保护不可或缺的内容。林艺（2006）探讨云南少数民族水文化对云南生态旅游发展的促进作用，认为只注重水治理的生态观是不能从根本上解决环境问题的，树立优秀的水文化理念才是实现可持续发展的最好方式。耿鸿江（2007）认为有"水的民族"之称的傣族，其独特的水文化具有历久弥新的实践意义，支撑起其经济社会的可持续发展。陈鸿，张纯德（2011）以彝族水文化为例进行分析，认为解决水危机、水污染的困局，除了常规治理办法而外，辅以开发利用少数民族水文化以保护当代水环境、减少水污染、减少治污成本是一个可行有效措施。

2. 少数民族传统水资源管理制度

一些学者专题研究了少数民族的传统水资源管理制度，以及集体行动其中蕴含的公共事物治理之道。金善基（2006）研究了维吾尔族传统农业经济的水利工程坎儿井，与一般农业灌溉系统相比，坎儿井是一种比较独特的水利工程，是为适应干旱地区绿洲中的自然环境与地理条件而创造的农业灌溉系统，具有很高的生态环境价值、历史文化价值、经济价值。马宗保和马清虎（2007）认为，草原地区的游牧经济，农耕地区的坎儿井、水窖、汤瓶洗浴等水资源利用技术以及回族等民族农商并重的生产方式，都是当地人民适应特定自然地理环境而创制和积累起来的地方性知识，其中包含着有利于资源节约、生态环境保护和区域可持续发展的生态智慧和文化资源。曾豪杰（2008）研究了哈尼族完善的传统水资源管理方法、机制和体系，认为其形成的和谐水文化具有十分重要的借鉴意义，为构建社会主义和谐社会提供了宝贵的经验。阳燕平等（2010）认为西南山地少数民族克服地形地质缺陷逐渐形成了一套丰富的保护水资源的习惯法，使得他们能有效合理地利用水资源，保护了脆弱的生态系统。这些习惯法包含对水资源的自然崇拜、保护水源、合理使用和管理水资源等内容。在保护西南山地生态环境的过程中，应当充分总结继承少数民族保护水资源习惯法，为国家相关环境立法的制定和实施提供借鉴。王友富和王清清（2011）通过挖掘云南石林彝族自治县撒尼人祖辈积累的地方性水知识，分析当前撒尼人面临的与水资源保护利用相关的问题，力图在传统地方性水知识与现代技术之间找到一条水资源可持续发展的道路，最终促进社会经济的可持续发展。黄龙光（2014b）认为西南少数民族出于对用水的公平、安全、卫生等的考虑，本着共有、共享、共管、共治的原则，通过集体协商制定并实施了相应的水法、水规，作为一种民族习惯法、民间规约，民间水法、民间水规对每一个社会成员均具有"法"的强制力。作为少数民族千百年来应对水问题而创造和积累的颇具生态实践意义的地方性知识，包括管水制度在内的少数民族传统水文化仍具现代生态意义。我们应从传统水文化汲取合理部分进行转换、重构和传承，将其与现代水技术对接、合流与整合，建构起当代生态、科学的新型水文化体系，共同应对人类未来的水问题。

3. 少数民族传统水文化的现代变迁

还有部分学者对现代社会变迁对少数民族水文化的冲击进行了分析，并对少数民族在其中面临的生态、文化、经济等问题表示关切。郑晓云（2005）20 世纪 50 年代以来，社会变迁导致了傣族很多水文化要素的丧失，对傣族的水环境保护产生了消极的影响。廖开顺（2014）认为侗族独特的水文化在工业化和现代化进程中处于变迁中：一方面是走向工业化和现代化时期的文化变迁，是民族文化的进步；另一方面要克服工业化和现代化带来的负面作用。侗族与其他少数民族一样面临文化失忆的严峻问题。黄龙光和杨晖（2016）认为当代中国社会转型导致少数民族传统水文化经历一系列变迁。作为一个整体的水文化生态共同体，云南少数民族传统水文化的变迁主要体现在水环境、水信仰、水技术与水制度的变迁。云南少数民族传统水文化具有自然生态、文化生态与社会生态三重重要生态功能，应全面调查、深入分析云南少数民族传统水文化中爱水、养水、惜水、护水、管水等极富生态价值的内涵及其实践进行传承与教育，以推进边疆少数民族生态和谐社会的构建。

综上所述，具体民族聚居区在其水崇拜中孕育着生动的、独特的水文化，也形成了各具特色的、实用性极强的用水习俗和水管理制度，在这些以用水利益相关者为主体的传统实践的社区集体行动中，蕴含充满人类理性与自然和谐发展之光辉的公共事物治理之道。发掘其中的天地人和的价值，认为在当代水资源开发利用及治理中具有不可忽视的实际意义。

（二）水资源开发利用的利益分配及对少数民族社区影响的研究综述

1. 民族地区水资源开发利用与社会经济发展的关系

民族地区一方面具有水资源禀赋和社会经济发展的迫切需求，但同时也是生态环境脆弱区，因此学界对民族地区水资源开发利用对社会经济发展的影响大多持积极并审慎的态度，从民族地区利益角度提出很多因地制宜的对策。李其才和陈海波（2002）基于四川"三州"民族地区富集的水能资源及巨大的开发潜力，提出加大对该地区水能资源开发，促进民族地区资源优势向经济优势转化。付兴艳（2008）提出建立和完善水资源保护长效机制尤其是生态补偿机制对保障西北民族地区乃至全国生态安全具有重大意义。吕永鹏（2009）从空间、时间、目标、风险等维度，综合分析了黔东南苗族侗族自治州流域特点、水资源时空分布特征以及水环境质量差异状况，从产业发展模式、水资源利用等方面提出了水资源可持续利用的优化策略。李含玲（2011）根据西北民族地区的特殊水情和社会经济发展，以建立水资源良性循环系统为目标，提出"保水农业"模式，将西北民族地区建成我国重要的清洁水资源保护区。王生华（2013）认为西部民族地区应以完善水权初始配置制度入手，构建科学的水资源管理体系和水市场统一监管体系。柯涌晖和赵明（2017）认为少数民族地区自然资源开发不应机械套用传统开发模式，避免资源环境问题及民族间利益和文化摩擦，应把握资源开发契机促进经济优化和民族社区调整生存空间内人地关系。李香云（2017）分析了和田地区经济社会发展与水资源有限性的矛盾，以及脱贫发展中的突出水资源问题，提出了相应的对策建议。

2. 水资源开发利用与少数民族社区利益补偿

依托水资源禀赋，一些民族地区展开了水资源尤其是水能资源开发，开发的过程中也产生了资源开发与当地民族社区利益不相容等诸多问题，如陈翔（2009）提及的川西民族地区水能资源开发面临外部资本与当地居民的利益协调问题，特别是涉及土地淹没、居民搬迁等复杂利益分配问题。

针对这些问题，一些学者提出了民族社区参与水资源开发利益补偿与分配的根据和原则，如王文长（2003）认为，民族社区居民拥有当地自然资源的优先受惠权，应建立资源开发、利用、输出的利益补偿机制；程玲俐（2004）提出要使川西民族地区水资源达到有效利用，维护生态平衡的目标，下游流域地区必须按照水资源价值补偿理论对上游补偿；庄万禄（2006）研究了四川省民族地区水电资源开发补偿机制，提出创新水电资源开发的移民原则；马晓东（2012）提出三江源区水资源管理中必须保障当地公民发展权；张玥（2013）在借鉴罗尔斯正义论的两大原则，提出民主参与和生态补偿两项建议。

一些学者也提出了民族社区参与水资源开发利益补偿与分配的具体机制和方案，如陈祖海和陈莉娟（2010）提出拟订《民族地区自然资源开发条例》，构建资源开发利益共享机制、完善资源价格形成机制、推进资源开发税收制度改革、建立资源开发生态补偿机制等措施，解决水电资源开发对民族地区经济社会的负面影响问题；钟红艳和周叮波（2012）通过对滇黔桂边民族地区重大水资源开发移民政策落实效果的实证分析，提出建立移民库区社会保障体系、扶持与拉动移民脱贫致富、考虑少数民族特殊民风民情特点、发挥移民知情权和参与权等，提高移民政策落实成效。

综上所述，学界已有成果普遍认为，当前我国民族地区水资源开发利用对当地社会经济发展及民族社区利益的促进作用还相当有限，不仅没有达到应有的效果，还产生了一定程度的负外部性，对当代利益相关者及代际利益相关者产生了消极的影响。民族地区水资源税改革方案及税制设计，应考虑水资源开发与当地社会经济发展及民族社区利益相容问题，以税收方式将负外部性成本有效内部化解决。同时，以水资源税改革为契机，通过水资源开发利用的结构优化促进民族地区产业结构优化调整和经济社会与生态建设良性发展。

（三）水资源税改革的研究综述

1. 国内文献综述

（1）关于水资源税基本理论及其征收合理性分析。

①水资源税的职能及征收依据。

对水资源税的职能和征收依据，之前学界存在较大分歧。沈大军（2002）认为，征收水资源保护税应遵循公平原则、受益原则和效率原则，论证水资源税具有资源地租（含绝对地租、级差地租）和经济调节手段的内涵。刘阳乾（2006）提出开征水资源税的三个理论依据和原则，即市场经济资源有偿使用原则、外部不经济性的内部化理论及资源优化配置原则。李晶和叶楠（2016）认为水资源税收依据有三，其中地租理论是权力依据，外部性理论是理论依据，可持续发展理论是现实依据。这些分歧主要是理论上对租、税、费内涵界定不明确，使水资源税不仅具有税的职能，还兼纳了租和费的职能，从而导致水资源税的职能混乱。

近年来，通过对租、税、费内涵的界定，学界对水资源税及其职能的规定逐渐趋于统一，认为财政收入职能已将主导地位让位于资源及生态保护职能。席卫群（2016）从租、税、费内涵对水资源税进行分析和界定，认为现行水资源费未体现国家所有权，因而与租有本质区别；水资源费承担对资源耗竭和环境破坏的补偿功能，与资源税性质相近，因此水资源税更适合矫正负外部性。陈少英和王一骁（2016）认为水资源税是以开采或使用各种水资源的行为为征税对象，以筹集水资源保护和生态建设资金为目的，通过内部化开采的外部生态成本引导水资源合理开发、合理消费和高效使用的生态税种，即具有生态价值的资源税。王玉玲等（2018）认为资源税（包括水资源税）的职能主要有两个：矫正负外部性是主体职能，收入职能是次要职能。冯铁栓和熊伟（2018）认为，资源税经过税制目的和税制内容的几次变化，成为促进资源节约和保护生态环境的租税，其主导目的不再是筹集财政收入。

②水资源税改革的必要性和可行性。

学界对于水资源税开征的必要性及可行性普遍为支持态度，主要从以下三个角度论证。一是从生态、环保税系论证水资源税的必要性，如计金标（2002）探讨了建立生态税制的理论基础及建立符合我国生态税制的政策可能性；徐孟州（2005）指出，中国应建立包含水资源税在内的环保税体系；刘玮玮（2007）、石磊（2009）指出水资源短缺及污染问题日益严峻要求水资源税改革并全面推进。二是从科学界定税、费职能的角度论证，如舒圣祥（2008）表示水资源税事实上一直在以水资源费的名义征收着，应明确其的税的形式并推动水资源税改革；张倩（2009）认为我国税费间往往存在交叉重复或空白导致税费间协调性差，资源税税收规模小导致筹集财政资金、改善生态环境的效果不理想，应推进水资源税改革促进资源配置调节；王绍武和王守安（2010）指出，通过清理乱收费、减轻税外负担、合理调整水价等手段，可以提高用水、供水单位的、经济效益，有助于增强改革后的水资源税调节能力；席卫群（2016）认为，税收具有更强刚性，有助于理顺财政分配和部门权力关系，增强财政预算约束力，规范征收主体，消除重复收费错觉，建立合理水价。三是从水资源生态保护的角度论证，如王金南（2009）、徐红霞和刘克崮（2011）从水危机现状、政策环境、技术条件进行分析，认为水资源税改革时机已经成熟；周明勇（2010）指出我国各地水资源费存在的问题主要体现为收费标准趋同，政府应通过水资源税对缺水地区限制高耗水产业，有利于产业结构调整；李珊和司言武（2011）提出将水资源税作为资源税一项子目开征以保护水资源生态环境。

③征收水资源税的影响。

对于开征水资源税的影响，学界多从企业和居民两个角度分析。何勇（2009）认为开征水资源税会增加低收入人群生活成本，原因有以下两方面：一是缺水地区会设置相对较高税率，二是企业会将新增的水资源税负担通过提高商品价格最终转嫁给消费者。吴雪（2011）认为征收水资源税不仅能增加税收，还能限制水资源浪费。李晶和叶楠（2016）认为征收水资源税有正负两方面影响，负面影响主要是短期内居民和企业用水成本提高进而影响社会福利，正面影响主要是增加财政收入、培养企业和个人节水习惯并在全社会提高水资源保护意识。王世杰和黄容（2016）从法律责任、企业负担、会计核算等角度分析了水资源税改革对企业的影响，能够规范征收行为，不同的征收标准有利于引导企业提高用水效率，减少水资源浪费和污染。

对于征收水资源税的影响，大多数研究观点仅停留在水资源税改革将对资源环境产生积极的意义，也有一些调研的案例和数据，逐渐产出了一些关于水资源税改革效应的量化分析成果，但仍缺乏对水资源税改革利益相关者影响的较为全面和深入的研究。李星等（2020）利用 AHP 熵权法对河北税改示范效应进行评价，河北整体 DED 为 0.790，示范效应等级为较高，整体税改 DED 较好，税改效果良好；从空间上，河北南部城市水资源税改示范效应等级稍高于北部城市，"河北模式"在河南和广东示范效应度等级均为较高，在新疆示范效应等级远低于河南和广东。刘姝芳和刘茂林（2021）研究了试点 6 省区的水资源税额，认为基本符合当地水资源利用和社会经济发展的实际情况，综合比较各类取用水户水资源税额发现，水资源税额的制定与当地社会经济水平关系更密切。赵艾凤和张予潇（2021a）以 2017 年水资源税试点扩围为准自然实验，采用双重差分法研析水资源税改革对试点地区用水量和用水效率的影响，认为现行水资源税试点改革提升了试点地区的用水效率，但对用水总量的控制没有产生效应。赵艾凤和张予潇（2021b）通过对水资源税改革试点效应的地区差异分析，发现现行水资源税改革试点政策存在税制调整弹性不足、对超限额农业生产用水和生活用水约束力度不够、税额设置不尽合理等问题，可采取建立一省一策水资源税动态调整机制、对超限额农业生产用水实行年度税额核定、对生活用水实行区域差异化的超额累进税制、缩小地表水与地下水税额差距等措施。吴正等（2021）在对标准社会核算矩阵（SAM 表）进行拓展同时，构建了开放式水资源嵌入型一般均衡模型（CGE），并设置了 3 种情景模拟实施水资源税改政策对河北省的经济运行状况的影响，结果表明：一是征收水资源税短期会对宏观经济产生一定负面影响，但长期看可以有效促进水资源节约保护，提高企业水资源使用效率；二是不同行业对水资源依赖程度存在差异，因此差异化的水资源税改政策能更有效地达成节水目标，实现更理想的政策效果；三是对水资源税进行转移支付可以发挥税收调节作用，有效减轻征税所造成的福利损失，减少对经济和社会的负面影响。张航和胡欣蕊（2022）基于 2010～2020 年我国省级面板数据，将水资源税改革试点视为准自然实验，通过多期双重差分模型评估我国水资源税改革对用水效率的影响，结果表明：水资源税改革可显著提高水资源利用效率，其中对工业用水效率的激励效果强于对农业用水效率与生活用水效率的影响。另外，水资源税改革对东部、中部、西部地区的总体用水效率、农业用水效率、工业用水效率、生活用水效率的影响也存在不同程度的差异。田贵良和高廷艳（2022）采用 GM（1，1）模型对水资源税改革试点后的工业用水效率进行测算，通过比较测算值和统计值，认为水资源税改革有效提高了工业用水效率，降低了万元工业增加值用水量，且随着改革深入推进和企业在政策冲击下"阵痛"期的过去，改革的政策效应会越发明显。

（2）水资源征税的国际经验借鉴。

国外征收水资源税由来已久，国内相关研究大多选择荷兰、丹麦、德国、法国和俄罗斯等为研究对象。沈琳等（2009）通过研究国内外水资源相关财税政策的基础上，提出应循序渐进开征水资源税和水污染税，充分发挥财税政策调控作用。王敏和李薇（2012）总结了欧盟几个代表性国家水资源税（费）政策，提出要积极发挥政府作用，明确政策目标，制定科学合理的水资源税（费）标准等措施。彭定赟和肖加元（2013）在分析俄罗斯、荷兰和德国水资源税实践经验的基础上，提出应按照"普遍征收"原则，对居民用水也征收水资源税并考虑生活成本，税率应考虑区域水资源禀赋、水质、行业和产业差别并结合各地实际科学设计。伍红和罗春春（2010）结合 OECD 国家水资源税费政策及我国实际，提出要依据实际制定税收制度，注重税率合理性与税制多样性。李晶等（2016）总结了国外经验，如政府主导征收、政策和征收标准灵活调整、税收收入专款专用等。梁宁等（2020）梳理以色列水资源税制度的设立原则、法律保障、架构设计、征管措施以及税款分配等内容，分析总结其在法律保障、税制设计、税款分配、农业水资源有偿使用等方面的经验。

在水资源税改革研究中，国内学者大多注意到了国外相关国家在水资源税（费）税制方面一些值得借鉴的合理性要素，但基本上未论及这些国家尤其是欧盟国家在水资源税制度设计之外，还积极引入利益相关者管理的经验和模式，这是其水资源税制度科学合理性的一个重要保障。

（3）水资源税税制设计。

关于水资源税税制设计，一些学者提出了一些有价值的原则。王敏（2012）提出以水资源价值为基础，结合国家宏观政策及社会经济发展趋势，逐步提高水资源费（税）征缴标准，并依据各地实际制定有差别的水资源费（税）征缴标准，探索动态调整机制。洪冬敏（2015a）认为水资源税制设计应遵循群众参与原则、税收中性原则、公平原则、环境效益与经济效益并重原则和可协调原则，在资源税框架和环境税框架下进行。黄燕芬和李怡达（2016）提出水资源税改革应循序渐进、因地制宜、差别化及赋予地方适当税政管理权。

在税制要素设计方面，一些学者进行了初步的总体性设计，如刘玮玮（2010）依据我国水资源"总量多、人均少，开采大、使用低效"等特点初步对水资源税税制进行了设计；聂蕾（2011）、夏晴（2012）等在税基与纳税主体、课税对象和计税依据、纳税环节和税率等方面构建了水资源税的系统框架。一些学者在水资源税征收标准及税率确定等方面做出了详细而深入的研究，如洪冬敏（2015b）用全国各地区地表（地下）水资源费标准加权平均为基础，然后以最具代表性的工业水价为标准确定水资源税税率上限，认为我国水资源税的税率上限应维持在17%左右，然后选择最早开征水资源税、税制比较健全、税率较低、税负较轻的荷兰，以及水资源税负最高、节水效果也最为明显的丹麦为界限，以此确定我国水资源税税率幅度为8%～12%为宜；席卫群（2016）认为水资源税税率设计应考虑地区差异、身份和行业差异、地表水与地下水差异。非居民生活用水和特种行业用水应适用高税率，为居民生活用水的1.5倍，参考荷兰和丹麦税负，我国水资源税税率范围为：地表水8%～13%，普通地下水10%～17%；水电企业参照石油、天然气税率设计为5%～10%；地热水和天然矿泉水可简化征管，在已征税省区经验基础上，征收3～6元/立方米（吨）定额税率，民用可减半征收；各省区在幅度范围内可确定适用的税率。王喜峰等（2020）分析了10个水资源税改革试点省份实施方案异同点及税额设置标准，提出构建全国统一水资源税税额体系，经过测算，建议全国水资源税基准税额为0.2元/立方米，各省区税额可根据基准税额×水资源条件调整系数×水源调整系数×行业调整系数确定。

2. 国外文献综述

国外涉及水资源税的学术文献，主要有对相关理论依据进行研究，如公共产品理论、外部性理论、可持续发展理论等，也有从实证角度对水资源税的经济效应进行分析，如扎贝尔（Zabel，1998）采用经济合作与发展组织（Organization for Economic Co-operation and Development，OECD）经济政策评价体系，从经济财政效益、环境政策成本、实用性及接受度等方面，研究德国、荷兰、法国、英国水资源税费情况，得出政策效果良好的结论。安可特克（Ecotec，2001）分别分析了取用地表水和地下水为主的企业由于竞争力变化从而调整了取水方式和产业结构，提出政府应考虑不同地区、不同产业、不同企业的用水结构特征，并给予政策引导。克雷默（Kraemer，2003）研究荷兰水资源税与污染税，认为水资源税运用价格机制增强社会节水意识，促进产业结构优化及水资源保护。萨博和泽巴伊（Sabohi & Zibaie，2007）认为对用水者征税可将地下水透支的外部成本内部化，迫使他们考虑其决策对其他生产者的不利影响。布雷瑟等（Bressers et al.，2012）通过建立一般均衡模型评估了水资源需求管理的影响，认为征收水资源税可以重新分配水资源的部门使用并引导生产、消费、增值和贸易模式的转变，此外还发现对农业部门征收水资源税具有较大驱动作用。米西亚克（Mysiak，2015）认为，理想情况下水资源税费应能反映出提供水利基础设施的财务成本、因生态系统损害而产生的成本以及因取用水不便利造成社会福利损失的资源成本。塞吉欧（Sergio，2015）通过研究水电部门征收水资源税发现水资源税对环境保护和筹集财政经费的重要作用。乞力马（Kiliman，2015）以乌干达为例，采用均衡模型计算水资源税对经济增长、就业和工业产出带来的影响。伯克（Berck，2016）采用差异化的定量研究方法对比了华盛顿州引入水资源税后和去除水资源税后的效果，发现高税率地区和最低、最高收20%的地区商品销售受影响最大。

国外学者对水资源税研究的理论、方法及从定量角度对水资源税的系统研究对我国水资源税改革研究具有一定的借鉴意义。

综上所述，学界普遍支持开征水资源税，并且在进一步界定租、税、费内涵的基础上，对水资源税及其职能的认识和规定也逐渐明确和统一。水资源税的资源及生态保护职能已代替财政收入职能成为首要、主体职能。对于开征水资源税的影响，学界主要从企业和居民角度进行论证，认为水资源税改革将对水资源环境产生积极的意义。一些学者提出了关于水资源税税制设计的原则和初步的总体性设计，也有一些专门针对水资源税征收标准及税率的深入研究，此外还有一些学者对国外水资源税（费）制度的经验介绍。这些成果提供了丰富的前期基础，为本书研究从利益相关者的共容利益视角对其进行进一步分析，并继续深入完善设计体现共容利益的水资源税制度框架奠定了基础。

（四）资源管理及公共政策制定中利益相关者及共容利益的研究综述

1. 利益主体视角的政府间关系分析

改革开放后，学界对于各级政府的利益主体性及面临的利益矛盾在认识上逐渐统一，如赵锡斌和费显政（1999）认为政府机构利益主要包括政府工作人员个人利益、部门利益和地方利益等小集团利益、整个政府的机构利益三个层次；刘泰洪（2010）认为政府间竞争是多级政府行政体制的产物，地方政府间竞争路径演变表现为利益依附竞争、利益自觉竞争和利益自主竞争，分权化改革中地方政府的权力截留、地方政府的共容利益、计划体制下政府干预模式和地方政府间职位晋升的不合作博弈则构成了地方政府竞争的路径依赖。

基于以上共识，学者们也对各级政府利益共容的可能性和必要性提出了观点，如刘春宇和陈彤（2007）研究了中央与地方政府在油气资源中的利益分配机制，提出保障资源所在地政府权益，化解与中央利益冲突。邵学峰（2008）提出以马克思主义利益观为基础认识和处理经济转型中的利益主体、利益结构、利益客体、利益保障等关系，不断凸显税收公平，促进效率及社会分配合理化、缓解社会利益冲突、提高社会福利。白彦锋（2008）认为中央与地方的税权博弈有助于提高税权配置效率，增强税收立法有效性，地方可以逐渐在税收立法方面发挥更积极作用。刘泰洪和朱培蕾（2010）认为在监督不足的情况下，地方政府对自身利益的追求会导致行为异化和扭曲。郑海玉（2011）认为政府作为国家权力和公共利益代言人和维护者，为社会谋利是其本职，而同时政府作为"经济人"又存在自身利益，实现其在公正和互惠基础上的激励共容是解决问题的关键。

2. 资源管理及公共政策制定中利益相关者的研究

利益相关者研究起源于国外，安索夫（Ansoff，1965）最早将利益相关者引入管理和经济学领域。弗里曼（Freeman，1984）认为利益相关者是能够影响一个组织目标实现或者受到一个组织实现其目标过程影响的群体，强调企业在进行获利活动同时要关注社会公众、社区、自然环境等利益相关者的利益。索特和莱森（Sautter & Leisen，1999）利用利益相关者理论研究了旅游资源开发与社区关系，认为只有考虑利益相关者的利益，减少冲突，旅游业才能快速协调发展。布巴里斯（Bubalis，2000）认为必须有一个专门管理机构协调与目的地旅游相关行业关系，综合考虑利益相关者利益并协调其间矛盾。考察组（2008）发现，依据法律要求，加拿大水电项目在开展前都会邀请包括当地居民在内的有关各方参与，进行全面环境评估，规划初也会通过听证会、圆桌会议或信息交流会等方式与当地民众沟通。哈斯（Haas，2009）发现，以刺激多方利益相关者对话的方式将利益分享引入大型水坝兴建中，项目方及当地社区和传统河流使用者都将受益。乔森（Jonson，2005）研究了提高水资源管理利益相关者参与的效果，探讨了通过和利益相关者代表组建流域委员会及通过各种措施提高参与水平的可能性。

进入 21 世纪后，国内学者开始应用利益相关者理论进行一些应用研究。周菁（2008）分析了物业税开征对政府、居民和开发商三个利益相关者造成的影响及各方的对策选择，并为政府提供了相应对策。郑传贵（2010）将一个项目中利益相关者组成的社会空间结构称为"项目场域"，并分析了某水电项目中政府、开发商、村委会和村民等利益相关者，提出从"各为己利"的初始状态转化为"协商共赢"需要各方进行平等对话、协商和谈判，引入公众参与机制与社会评价机制。潘小玲和邓莹（2010）认为旅游区开发中的核心利益相关者包括国家、地方政府、开发商、居民、规划专家及旅游者，旅游景区顺利开发有赖于核心利益相关者的有效参与与合作。陈鹏等（2010）以博弈方法分析了水资源保护地区利益相关者的利益及其与社会、经济和生态效益间的关联度，提出政府是重要的利益相关者，应以政府机构为主导，推动居民、使用者、投资者和旅游者推动合作博弈体系可持续发展。洪富艳和丁晨（2010）认为我国生态功能区应建立由利益相关者共同参与治理的协调机制、决策机制、执行机制及监管机制等，核心利益相关者应被赋予更高权力。郭志仪和姚慧玲（2011）以环境税利益相关者（中央政府、地方政府、政府税务、环保、财政部门及纳税人、公众等）的利益博弈分析提出环境税收制度的优化建议。周颖（2011）通过博弈分析认为民族地区资源开发中利益相关者的利益期望是趋同的，若都以自身利益最大化只能获取短期利益，必须建立长效互惠合作机制。赵瑾璐（2014）以利益相关者分析研究了资源税改革，提出政府应着眼于建立财政稳定增长机制，增强保障和改善民生的能力，企业应促进节能减排，提高资源利用率，居民应获得生态环境及相关公平性补偿。付湘等（2016）认为水资源利益相关者合作增加了总效用，但上游利益相关者效益比合作前降低，应得到补偿。陈礼丹（2017）对流域水资源治理中的利益相关者识别、分类方法进行了归纳。顾德瑞（2021）研究了水资源税改革中，税务机关与水行政等主管部门征管协作机制中存在的部门竞争与合作的核心悖论及利益博弈，认为水资源税征管难题须从制度上对协作各方的权责合理安排，建构利益协调和争议解决机制以实现各方利益均衡，完善多元监督机制促进有效监督，建立信息共享机制解决信息不对称问题。

3. 资源管理及公共政策制定中共容利益的研究

在一定意义上，共容利益研究是利益相关者（相关利益主体）研究的延伸和目的，而利益相关者研究是实现利益共容的前提和基础。国内学者在利益相关者研究的同时，也积极展开了共容利益的探讨。钟高峥和田官平（2009）以旅游景区开发为例，认为政府的共容利益决定其在开发博弈中只能与其他利益相关者积极合作，并调动其积极性。易志斌（2010）认为共容利益的存在使流域上游、下游利益相关者合作变得必然和可能，但要使流域府际合作治理长期有效需要建立政府绩效评估、生态补偿及跨界赔偿等机制。许再成（2010）通过对利益组织与经济增长相关性的历史考察，提出政府行为关系着经济准入秩序的完善和制度供给，政府应保持并扩展自身组织"共容性"以避免与企业利益组织结合形成掠夺性制度，抑制经济增长。薛泽林（2011）认为经济可持续发展的关键在于制度能否使最大多数人获益，广泛的社会共容利益促进了改革开放的成功，在矛盾凸显的当今还应扩大共容利益以促进社会经济可持续发展。史云贵（2012）认为理性的执政集团应提升公共领域、增强公民能力，不断增强执政集团共容利益，限制分利集团，走向公共理性。薛泽林（2014）认为我国面临中等收入陷阱，提出改革应放权让利，重建社会共容利益体。赵美珍（2016）以长三角环境治理为例，提出共容利益是政府、企业、公众合作的前提和基础，跨区域环境治理需要治理主体的利益共容与协同，国家应出台相关法律完善跨域生态补偿制度。栗明（2017）认为多元共治模式更有助于促成经济利益与环境利益的协调与共容，应形成政府指导、企业配合、非政府环保组织支持、居民为基础、社区组织为纽带的社区环境治理架构。

综上所述，利益相关者研究凭借其内在逻辑的一般性，已经较广泛地应用于资源管理及公共政策制定领域中。政府作为该领域中的关键角色，其自身利益及其利益主体性也已被学界认可。利益相关者分析是共容利益的前提和基础，共容利益是利益相关者管理的内容和目标。利益相关者及其共容利益，是民族地区水资源税改革方案及水资源税制度制定及实施过程中至关重要的决定因素，对水资源税改革的成效有重要影响。基于上述认识，本书以利益相关者及其共容利益为出发点、内在逻辑和归结点，展开对民族地区水资源税改革的研究。

三、研究方法、思路及内容

（一）研究方法

研究目的的达成与否，很大程度上取决于研究方法的选择与运用，"重要的不是结论，而是世界观和方法论，以及这种世界观和方法论隐含着的社会变革因素"①。本书研究是民族经济学的应用性研究，秉持以人为主体的原则，以问题为依归，采取了文献资料、实地调研、案例分析、比较分析、利益分析、矛盾分析等方法，使用系统性、辩证性思维方法对民族地区水资源税改革中的利益对象、利益主体、利益分析、利益表达、利益冲突、利益衡量、利益共容和利益增进进行系统研究。

（1）文献资料法。文献研究是本书的主要方法，整理大量所需要的文献资料，为研究奠定理论依据和分析思路，探索分析和解决矛盾的途径，充实研究内容。

（2）实地调研与案例研究法。本书研究针对民族地区水资源费改税相关情况、少数民族社区水文化、水资源传统利用管理模式及水资源开发利用涉及的利益分配等问题，选择有特色、有代表性的地区及案例进行调查和研究，如云南省（昆明市、西双版纳州）、河北省（宽城满族自治县、围场满族蒙古族自治县）及内蒙古（呼伦贝尔市）等，并与地方政府税务、水利、财政、城建等政府部门，自来水公司、企业、居民等进行深入交流，掌握相关研究资料，为本研究提供扎实的调研基础。

（3）利益分析法。利益分析是分析社会问题的基本方法之一。分析复杂的社会现象，既要看到人们的思想动机在其中的作用，又要找出决定人们思想动机的经济原因。利益分析方法从利益主体之间关系入手，对于分析具体的社会历史问题有特殊的作用。本书研究运用利益分析方法，科学划分民族地区水资源税改革的利益相关者主体，进一步考察利益主体在利益关系中的地位和作用，分析不同利益主体之间的矛盾，探求其间矛盾的解决方法。

（4）矛盾分析法。采用矛盾分析法来厘清参与水资源利用管理及税费改革的相关利益主体之间的相互关系和行为逻辑，分析各利益主体参与改革及管理的行为模式，探讨利益主体间的共容利益。

---

① 苏力. 从契约论到社会契约理论：一种国家学说的知识考古学［J］. 中国社会科学，1996（3）：84.

（5）比较分析法。比较研究的方法也是本书的重点研究方法之一，通过比较民族地区的水资源及其管理的特殊性来挖掘其水资源税改革的特殊性；通过比较不同利益相关者的行为和特征来对其进行识别和分类，并确定利益相关者结构和层次。

（二）研究思路

如图 0 - 1 所示，本书的研究思路如下：

（1）在对相关研究进行综述的基础上，本书研究首先展开对民族地区水资源及税费制度的研究，包括民族地区水资源的状况及特征分析，作为后续研究的基础和逻辑起点。

（2）梳理民族地区水资源费历史沿革和水资源税改革历程。

（3）识别民族地区水资源税改革中利益相关者，将其界定为水资源税改革的首要环节；然后从居民、企业、政府三部分对各利益相关者进行利益分析；继而通过结构分析进一步深化对民族地区水资源税改革中利益相关者的论证。

（4）分析利益相关者间的利益矛盾及其相互间的对立统一关系，并将民族地区水资源税改革中利益相关者的总体性矛盾动态地归结为经济利益与生态利益的统一，作为水资源改革共容利益的内涵与基础。

（5）将利益相关者参与作为民族地区水资源税改革共容利益实现的机制，并讨论其原则、层次和阶段。

（6）提出民族地区水资源税改革的指导思想，并以共容利益为内涵，对水资源税制和水资源税的征收管理和分配使用进行研究。

（三）研究内容

本书从水资源税改革现状及利益相关者分析出发，依据共容利益理论对民族地区水资源税税制进行构建，并探讨民族地区水资源税改革的共容利益实现。主要包括以下几个部分。

导论部分，首先说明本书研究的目的——探讨基于共容利益的民族地区水资源税改革，并阐明其理论及实际意义，再分类综述相关研究文献，阐述本书的研究方法、思路与构架，最后说明本书的创新点及不足。

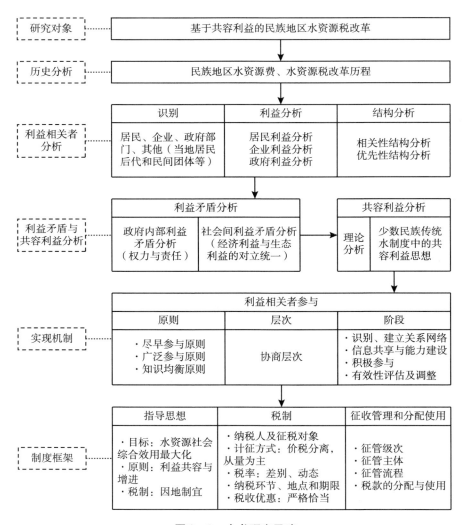

图 0-1　本书研究思路

第一章，民族地区水资源及税费制度。包括水资源税改革的对象——民族地区水资源状况、特点，从历史视角对民族地区水资源管理的税费制度进行梳理和分析，是基于共容利益的民族地区水资源税改革研究的基础和前提。

第二章，对民族地区水资源税改革的利益相关者分类及结构分析。包括利益相关者识别，对居民、企业、政府三者的利益取向及其在水资源税改革中所受影响进行全面分析，并通过不同的角度对其进行结构性分析，进一步揭示不同利益主体间的利益关系。

第三章，民族地区水资源税改革的利益矛盾。首先，从利益关系、利益差别、利益矛盾和利益冲突等环节规定利益相关者之间利益矛盾的对立统一关系；其次，从权力与责任的关系角度，分析政府内部（央地政府及政府职能部门）利益矛盾关系；最后，分析政府与企业、政府与居民和居民与企业三种利益矛盾关系，并将之综合归结为社会间利益矛盾，表现为经济利益与生态利益的对立统一。

第四章，民族地区水资源税改革的共容利益。民族地区水资源税改革的共容利益体现为利益相关者矛盾系统的均衡，这是一个动态均衡的过程和结果，是利益相关者的当前共同利益及长期趋向于共同的动态利益。从总体和长期来看，这一矛盾系统可以抽象为经济利益与生态利益的对立统一。论证以利益相关者参与机制实现由行政管理模式向协商模式的转变，以促进各方利益共容与增进。

第五章，以共容利益为导向的民族地区水资源税制度设计。首先，提出民族地区水资源税制度设计的指导思想；其次，围绕共容利益实现设计税制要素；最后，探讨具体税收征管和使用各环节。

结语部分，总结全书，并简述本书的主要研究结论。

四、创新点与不足

（一）创新点

第一，从利益相关者和共容利益视角对民族地区水资源税改革进行系统研究，既是对利益相关者理论和共容利益研究的应用和拓展，也为政府制定公共政策及社会治理提供有益理论和实践参考。

第二，对民族地区水资源税改革中利益相关者进行深入的结构分析、利益分析和矛盾分析，以共容利益实现与增进为原则，将利益相关者参与纳入水资源税改革全过程，探讨民族地区水资源税制度框架，为水资源税改革共容利益实现奠定理论基础，为水资源税改革全面推进提供有益借鉴。

（二）不足之处

第一，限于研究能力，本书对于民族地区水资源税改革中涉及的利益相关者研究还不够全面、深入，有待未来进一步充实。民族地区相比其他省市，具有一定特殊性，如由于生产建设兵团[①]、农垦系统和国有林场等多位于民族地区，这些单位独有的行政体系和职权使其和地方政府在水资源管理等问题上产生了诸多矛盾，如"兵（团）地矛盾""（国有农林）场地矛盾""（流域管理）局地矛盾"等。在民族地区水资源税改革中，还需将这些特殊但又重要的利益主体纳入利益相关者参与的分析中，对于利益共容和税改实施具有积极的推进作用。

第二，围绕民族地区水资源税改革利益相关者问题，笔者 2017 年夏对云南省（昆明市、西双版纳州）、2018 年对河北省（宽城满族自治县、围场满族蒙古族自治县）和内蒙古（呼伦贝尔市、额尔古纳市）等民族地区进行了调研[②]，但调研的广度和深度还有欠缺，对材料的掌握不够充分，对问题的分析尚不够精确，提出的有关政策建议略显原则化。

---

① 生产建设兵团是指新中国成立后陆续组建的各类生产建设兵团，是国家通过军垦这种特殊体制达到巩固边防，发展经济，安置人员的目的，兵团成为党、政、军权合一，工、农、兵、学、商五位一体的半军事化组织和社会经济体系，全国陆续出现过 12 个兵团，3 个农建师，目前只有新疆生产建设兵团存在。2017 年 11 月 29 日，新疆维吾尔自治区十二届人大常委会第三十三次会议通过《新疆维吾尔自治区人民代表大会常务委员会关于设立兵团工作委员会、授予新疆生产建设兵团行政执法权的决定》。

② 后述内容中使用的涉及这些地区的资料，都来自调研，不再一一注明。

第一章

民族地区水资源及税费制度

■ 第一节　民族地区水资源及其特征

水资源概念是水资源税概念界定的前提。水资源的概念一般可以从广义和狭义两方面进行规定。广义方面，其规定如《中国大百科全书》《简明不列颠百科全书》等中所述，大多从自然科学层面将水资源从固、液、气的形态进行规定；而从社会经济角度的规定大多是狭义的，如联合国教科文组织《水资源评价活动——国家评价手册》中对水资源的规定如下：可利用或可能被利用的水源，该水源具有足够数量和可供使用的质量，并能够在某一地点为满足某种用途而可被利用。本章在资源税扩围这个研究背景下，将水资源规定如下：水资源是在当前经济技术条件下，可供人类直接利用或待利用的淡水资源，是人类生存发展必不可少的具有稀缺性和非耗竭性生态资源，可划分为物质性产品和生态服务两重用途。

一、民族地区水资源总量丰富、差别大①

从总体来看，我国民族地区水资源丰富，拥有诸多大型内流河及外流河，流域面积广阔，如表 1 - 1 所示。

表 1 - 1　　　　　流经民族地区的主要河流及流域面积　　　单位：平方千米

流域名称	流域面积
外流河	
黑龙江及绥芬河	934 802
辽河、鸭绿江及沿海诸河	314 146
黄河	752 773
长江	1 782 715
元江及澜沧江	240 389
怒江及滇西诸河	157 392
雅鲁藏布江及藏南诸河	387 550
藏西诸河	58 783
额尔齐斯河	48 779
内陆河	
内蒙古内陆河	311 378
河西内陆河	469 843
准格尔内陆河	323 621
中亚细亚内陆河	77 757
塔里木内陆河	1 079 643
青海内陆河	321 161
羌塘内陆河	730 077
松花江、黄河、藏南闭流区	42 271

资料来源：《中国民族统计年鉴2017》。

---

① 本节数据主要来源于相关地方统计年鉴、政府网站及其公开发布的水资源公报等。

丰富的水源也使大部分民族地区拥有先天的水资源税禀赋，如表1－2所示。计算可知，我国民族地区2016年水资源总量占全国的37.32%。其中西藏水资源最为丰富，有"亚洲水塔"称号，但其地广人稀，仅有300多万人口，水资源在总量、人均量、单位面积量和水能资源总量等项指标均为全国第一位。

表1－2   **2016年民族地区水资源量统计**

地区	水资源总量（亿立方米）	地表水资源量（亿立方米）	地下水资源量（亿立方米）	人均水资源量（立方米）	总供水量（亿立方米）	地表水（亿立方米）	地下水（亿立方米）	其他（亿立方米）
全国	32 466.4	268.5	248.2	1 695.5	190.3	98.3	88.8	3.2
广西	2 178.6	2 176.8	529.2	4 522.7	290.3	278.0	11.5	1.1
贵州	1 066.1	1 066.1	251.3	3 009.3	100.3	96.5	3.1	0.8
云南	2 088.9	2 088.9	699.7	4 391.7	150.2	145.3	3.7	1.2
西藏	4 642.2	4 642.2	1 028.0	141 746.6	31.1	28.6	2.5	0.0
青海	612.7	591.5	282.5	10 376.0	26.4	21.5	4.8	0.1
宁夏	9.6	7.5	18.6	143.0	64.9	59.4	5.3	0.2
新疆	1 093.4	1 039.3	610.4	4 596.0	565.4	445.9	118.6	0.9

注：水资源总量等于地表水资源量加地下水资源量减两者之间的重复计算水量。
资料来源：《2017中国水利统计年鉴》。

从总体看，由于民族地区一般人口较少，但地域较为广阔，2016年人均水资源占有量为5 855.9立方米，是全国平均水平的近3倍。其中，广西水资源丰富，水资源总量占全国总量的7.12%，排名全国第五。云南、贵州地处云贵高原，降水丰富，云南水资源总量为2 088.9亿立方米，排名全国第七，人均4 391.7立方米；贵州水资源总量为1 066.1亿立方米，80%以上的河流都流经少数民族地区；西藏自治区水资源丰富，是长江、怒江、澜沧江、雅鲁藏布江的发源地或流经地，是我国水域面积最大的省区，多年平均水资源总量为全国的15.94%；青海地处青藏高原，水系发育，河流众多，大小湖泊星罗棋布，高山峰顶冰雪覆盖，人均水资源量紧随西藏之后；新疆地广人稀，水资源总量为 1 093.4 立方米，单位面积产水量居全国倒数第三。

但是，民族地区也存在缺水地区，如已试点水资源税的内蒙古和宁夏年人均水资源占有量分别为 1 695.5 立方米和 143 立方米，都低于全国平均水平，这是其作为第二批水资源税试点省区的主要原因。

二、民族地区水资源时空分布差异悬殊

民族地区一般处于边疆内陆多山地区，地形地貌复杂，海拔落差大，因此民族地区水资源分布较为悬殊，同时降水年际、年内分布也很不均匀，很多地区水资源充沛，也形成了较为严重的缺水地区，在省会等大型城市表现尤为严重。以贵州为例，贵阳 2015 年人均水资源占有量仅为 1 050 立方米/人，不足黔东南州人均 7 751 立方米的 1/7。

内蒙古水资源时空分布极不平衡。从空间上看，内蒙古 80% 以上径流量在呼伦贝尔，其他大部分地区水资源紧缺。水资源分布与人口和耕地分布也不匹配，东部黑龙江流域水资源量为内蒙古的 2/3，但耕地面积和人口约为内蒙古的 1/5。从时间上看，径流年内、年际变化也较大。广西多年平均年降水量极值相差 3.74 倍。主汛期河流径流量约占全年总量 70% 以上，并且各地汛期时间不同，呈现出半年湿、半年干的气候，连枯连丰年份交替出现。2016 年人均水资源占有量最少为南宁，为 1 726 立方米/人；最多是河池，8 989 立方米/人，前者不足后者 1/5。青海气候干燥，降水稀少且分布极为不均，不同地区相差达 40 多倍，东南、东北部多雨水资源丰富，西北部干旱少雨。宁夏从南部六盘山区向北到引黄灌区，年径流深相差近百倍，并且将近 80% 径流集中在 6~9 月的汛期。新疆干旱少雨，沙漠面积广阔导致地表水蒸发严重，南北疆面积与水资源量严重不匹配，水资源呈西多东少态势，绿洲每年消耗巨量水资源，水资源过度开发，地下水严重超采，各区域开采率为 53%~140%。云南 94% 为山区

和高原,其"人在高处住,水在低处流",6%的坝区、5%的水资源量供养了2/3的人口和1/3的耕地,滇中重要经济区的人均水资源量仅为300~700立方米,极度缺水状态制约了社会经济发展。特殊的地形地貌还导致气候条件和水资源时空分布迥异,雨季降水量能占到全年的80%以上,旱涝灾害常年交替发生。

三、民族地区水资源开发投入需求巨大

(一) 民族地区水能资源开发利用

水能资源是以水体的动能、势能和压力能等特殊能量形式存在的水资源。本章研究的主要是河流水能资源,我国80%左右的水能资源分布在青藏高原和云贵高原间的少数民族地区,其中包括云南、广西、西藏、贵州、四川等省区的金沙江、雅砻江、大渡河、澜沧江等水能开发带。"十一五"规划的六大能源产业基地大部分都在民族地区,其中大型水电基地涉及云南省(金沙江、澜沧江)、广西壮族自治区(红水河)、贵州省(乌江)、四川省(雅砻江)、甘肃省、青海省(黄河上游)。民族地区具有突出水能资源优势的主要开发带情况如表1-3所示。

表1-3　　　　　　　　民族地区水能开发带情况　　　　　　单位:万千瓦

水能开发带	水能蕴藏量	总装机容量
金沙江水能开发带	5 551	5 799
雅砻江水能开发带	3 400	1 940
大渡河水能开发带	3 132	2 348
乌江水能开发带	1 043	867.5
长江上游水能开发带	—	1 252
澜沧江水能开发带	—	2 137

水能开发带	水能蕴藏量	总装机容量
黄河上中游水能开发带	—	1 415.48
沅江、资水、澧水、清水江水能开发带	—	791.6

资料来源：陈虹，哈经雄．当代中国经济大辞库（少数民族经济卷）［M］．北京：中国经济出版社，1993。

　　雅鲁藏布江下游水能资源及怒江水能资源虽未进行较详细的开发论证和规划，但被公认为蕴藏着巨大的水能开发潜力。其中，雅鲁藏布江下游在米林县派区至墨脱县里冬桥之间的 213 千米河湾，落差为 2 190 米，水能资源的理论蕴藏量约为 7 000 万千瓦[①]。

　　如表 1－4 所示，2016 年我国民族地区水力发电量为 4 282.14 万千瓦·时占全国 1/3 以上，其中仅云南的水力发电量就达 2 278.15 万千瓦·时，占民族地区一半以上。其他民族地区省份水能资源大多也很丰富，但开发利用水平还较低。广西壮族自治区水力资源蕴藏量为 2 133 万千瓦·时，居全国第六位，珠江水系的干流西江经流广西境内 1 239 千米，其中红水河段被誉为我国水电资源的富矿。新疆维吾尔自治区河流落差大，水能资源总蕴藏量为 4 054 万千瓦·时，居全国第四位。青海水能资源十分丰富，理论蕴藏量总计为 2 165 万千瓦·时，居全国第五位。西藏的水能资源量居全国第三位，目前开发利用率较低，仅为 1%。

表 1－4　　　　　　　　　2016 年民族地区水力发电量

地区	水力发电量（亿千瓦·时）
全国	11 933.71
内蒙古	27.48
广西	654.38

---

① 王文长．开发经济学［M］．北京：海潮出版社，1999：114.

续表

地区	水力发电量（亿千瓦·时）
贵州	733. 73
云南	2 278. 15
西藏	48. 78
青海	300. 85
宁夏	14. 02
新疆	224. 75

资料来源：《2017 中国民族统计年鉴》。

目前，我国地方政府对水能资源开发普遍是按发电量收取约 0. 005 元/千瓦·时的水资源费或水资源税，高登奎和沈满洪（2010）认为，这没有体现水作为水能这种特殊资源形式的水能资源开发出让金。在水能资源开发中"谁开发，谁占有"的"跑马圈水"现象实际上是全民所有的水能资源被私人占有，导致国有资产流失。0. 005 元/千瓦·时的水资源费远不能弥补水能资源开发造成的负外部性，更谈不上国家产权和当地居民利益的实现，造成严重的社会不公平。①

（二）民族地区水利工程

民族地区水资源分布极不均匀，成为制约地区社会经济发展的重要因素，加之地形地势复杂、自然灾害频发，因此，为解决水资源短缺、农业灌溉、防灾减灾等而修建及计划修建的相关的水利工程数量庞大。

由表 1－5 数据及计算可知，2015 年民族地区水利建设投资完成总额为 1 151 亿元，占全国的 21. 1%，其中国家财政资金占 65. 5%，贷款、自筹及其他三项合计占 25. 8%，对民族地区财政形成较大债务负担，导致某些地区在水费中增加了一些收费项目。例如，云南省 2015 年水利建设投

① 高登奎，沈满洪. 水能资源产权租金的必然分解形式：开发权出让金和水资源费 [J]. 云南社会科学，2010（1）：77.

资完成额为 341.4 亿元，贷款、自筹及其他三项金额合计为 200 亿元，占投资完成额的 58.6%，是云南当年一般公共预算收入的 11.06%，加重了政府财政负担。同年 4 月，缓解云南省滇中经济区缺水困境的重大水利工程"滇中引水工程"获国家批准建设，输水总干渠全长 663.9 千米。水利部水利水电规划设计总院初步确定了工程静态总投资为 847.09 亿元。为缓解资金压力，云南省 2016 年年底发布了《云南省人民政府关于随用电量征收地方水利建设基金的通知》，规定从 2017 年 1 月 1 日起，按照 0.02 元/千瓦·时对云南省内企事业单位和个体经营者征收地方水利建设专项基金，用于滇中引水工程建设。

表 1-5 　　　　　2015 年民族自治区水利建设投资情况统计　　　　单位：万元

地区	水利建设投资完成额	国家财政资金	国内贷款	水利建设基金	企业和私人投资	自筹投资	其他
内蒙古	1 132 799	630 313	3 881	241 698	7 574	57 653	191 680
广西	1 877 842	1 424 372	158 990	160 389	33 739	78 511	21 840
贵州	1 356 491	1 253 017	23 436	3 403	16 991	18 329	40 913
云南	3 413 860	1 173 875	108 688	6 858	224 683	738 670	1 153 126
西藏	526 128	508 247	0	0	7 614	8 795	1 472
青海	366 481	313 138	0	0	0	3 724	49 619
宁夏	413 273	390 333	0	2 600	0	565	19 774
新疆	2 422 635	1 851 067	99 856	7 480	262 372	98 060	91 389
全国	54 522 165	34 560 038	3 386 394	1 421 337	1 879 054	5 731 487	7 468 151

资料来源：中国水利水电出版社《2016 中国水利统计年鉴》。"国家财政资金"项中含有国家预算内拨款、国家预算内专项资金和国家财政专项资金。"其他"项中含有债券、重大水利建设基金、土地出让收益、水资源费完成额。

　　总体来说，我国民族地区地缘广阔，人口较少，水能资源蕴藏丰富，具有良好的水资源禀赋条件。然而，民族地区地形地势复杂，水资源分布情况迥异，时空分布差异极大，水利工程建设投入需求巨大。民族地区呈现出的这些水资源特殊性，也使其在水资源税改革中存在极大的信息不对称性和政策制定难度，稍有不细致、不到位就会导致政策难以落地，影响改革初衷和效果。民族地区的水资源税改革各地必须从自身实际出发，考虑利益相关方利益，谋求共容利益，因地制宜制定符合实际的水资源税改革方案。

第二节　民族地区水资源费的历史沿革

中华人民共和国成立后，我国宪法规定，水资源归属全民所有。伴随着社会经济发展，对水资源的使用及管理先后经历了无偿使用、征收水资源费和试点征收水资源税三个阶段。本节简要介绍无偿使用阶段，主要分析水资源费阶段。水资源费是国家对直接取用水资源的单位和个人征收的一定货币额，是水资源有偿使用的具体表现形式。我国水资源费征收制度从历史上来看主要分为以下三个阶段。

一、地方性征收探索阶段（1980～1988年）的民族地区水资源费

1949～1979年，我国水资源开发利用与经济社会发展之间的矛盾比较缓和，同时也受到"水资源是取之不尽、用之不竭"的传统观念影响，国家仅在法律上明确对水资源拥有所有权，采取无偿用水政策，取用水几乎是无偿的。这造成了巨大的浪费和非持续开发利用，导致水资源危机加剧，成为国民经济发展的瓶颈。

从20世纪80年代开始，各地出现将水资源费作为水价的一部分进行征收。由于这一阶段国家没有统一制定规范，属于地方政府自发探索征收阶段。1980年年底，辽宁省沈阳市开始开始对城市地下水收取资源费；

1982 年，山西率先在全国实施取水许可制度并征收水资源费。此后，一些省份开始陆续征收水资源费。总体来看，北方地区及沿黄河流域的一些缺水省份开征水资源费普遍较早。该中阶段，民族地区还没有省区征收水资源费。

二、全国普遍征收建立阶段（1988～2002 年）的民族地区水资源费

1988 年，《中华人民共和国水法》颁布，从国家层面确立水资源费征收制度，以法律规定将水资源费征收在全国推开，进入了全国普遍征收阶段。《中华人民共和国水法》对于取用江河湖泊等非城区地下水资源并未作出统一规定，授权省级政府自行决定征收与否。1993 年《取水许可证制度实施办法》确立了取水许可制度，进一步推动了水资源费的征收工作。1997 年、1999 年国务院分别颁布的《水利产业政策》和《水利产业政策细则》又进一步对水资源的有偿使用制度进行了规范和强调，并对水资源费的使用方向和内容进行了较为明确的规范。水资源费进入普遍征收阶段，相关征收制度逐步建立。

该阶段，先后有 5 个民族省区开始征收水资源费。其中，最早开征的是贵州省。贵州省从 1992 年开始征收水资源费，标准为工业和生活用水为 0.01～0.05 元/立方米，火力发电取水为 0.001 元/（千瓦·时），水力发电为 0.001～0.005 元/立方米，对医疗、旅游等取用的地热水、饮用矿泉水等其他取水征收 0.01～0.04 元/立方米，按省、市、县三级按 1∶2∶7 进行分成。广西壮族自治区于 1993 年开始征收水资源费，标准为 0.002～0.004 元/立方米，水力发电用水为 0.001～0.003 元/（千瓦·时），并对经营性取用矿泉水征收 5 元/立方米水资源费。青海省从 1995 年开始征收水资源费，工业和生活用水为 0.01～0.02 元/立方米，水产养殖按养殖面积每年每亩 4 元计征，往外省调水的征收 0.02 元/立方米。云南省从 1997 年开始征收水资源费，并对各级政府征收的水资源费分成管理进行了详细

规定。新疆维吾尔自治区于 2000 年开始征收水资源费，标准为 0.005 ~ 0.25 元/立方米。

三、全国普遍征收完善阶段（2002 ~ 2016 年）的民族地区水资源费

2002 年《中华人民共和国水法》修订，明确了直接取用江河湖泊或地下水的单位和个人均要依法缴纳水资源费，确立了流域管理与区域管理相结合的水资源管理体制，并明确水行政主管部门负责水资源管理和监督工作。2006 年颁布的《取水许可和水资源费征收管理条例》进一步对水资源费的征收主体、收费标准和原则、农业取水征收原则及相关缴纳、使用与监督管理等内容进行了规定，是对水资源费征收具体办法的统一规定和完善，有利于实际工作执行。2009 年，已发布实施的《水资源费征收使用管理办法》将《中华人民共和国水法》和《取水许可和水资源费征收管理条例》中的收费对象又进行了全面扩增，同年，还对中央直属和跨省水利工程的水资源费征收标准等问题进行了规定。2011 年，《中央分成水资源费使用管理暂行办法》发布并要求执行。这些文件的颁布使我国水资源费征收体系进一步完善，如表 1 - 6 所示。

表 1 - 6　　　　　　　　　　水资源费征收体系

管理体制	管理主体	制定部门	征收部门	征收对象	资金分配
流域管理	国务院	相关价格主管部门会同财政、水行政主管部门	县级以上地方人民政府水行政主管部门	直接取用江河湖泊、地下水资源的单位及个人	按 1:9 分别解缴中央和地方国库
行政区域管理	省级政府				

资料来源：《中华人民共和国水法》《取水许可和水资源费征收管理条例》《水资源费征收使用管理办法》。

2013 年《实行最严格水资源管理制度考核办法》和《关于水资源费

征收标准有关问题的通知》发布，明确以最低限额指导各地对"十二五"末水资源费最低征收标准进行调整，规范了征收标准制定。在标准规定中，北京和天津最高，上海、福建等 13 个地区标准最低，相差约 20 倍，这种差别是对我国水资源禀赋、经济社会发展水平地区差异的统筹考虑。此后各省区市陆续按标准进行了调整（见表 1－7），民族地区各省区也相继进行调整。

表 1－7　　　　　　　　民族地区水资源费征收标准　　　　单位：元/立方米

省区	地表水				地下水	特业	发电
	生活	工业	农业	工业	生活		
内蒙古	0.08 ~ 0.1	0.4 ~ 0.5	0.03	1.5 ~ 5.0	0.08 ~ 0.1	3.0 ~ 4.0	0.003 ~ 0.006
广西	0.1	0.1	免征	0.2	0.2	—	0.001 ~ 0.085
云南	0.10 ~ 0.25	0.15 ~ 0.30	免征	0.25 ~ 0.50	0.20 ~ 0.40	—	0.015 ~ 0.02
贵州	0.06	0.08	0.04	0.12	0.12	0.16 ~ 0.32	0.004 ~ 0.007
青海	—	0.05 ~ 0.1	—	0.1 ~ 0.2	—	0.4 ~ 0.8	0.004
宁夏	0.15	0.15	免征	0.3	0.2	1.0 ~ 2.0	
西藏	0.05	0.1	—	0.2	0.08	—	0.003 ~ 0.005
新疆	0.05 ~ 0.06	0.5 ~ 0.6	0.005 ~ 0.16	1.0 ~ 1.2	0.09 ~ 0.12	4.0 ~ 9.6	0.004 ~ 0.2

资料来源：根据各省区水资源费有关法规政策统计获得，截至 2017 年 9 月。

　　该阶段，宁夏回族自治区于 2004 年开始征收水资源费，内蒙古自治区于 2008 年开始征收水资源费，西藏于 2009 年开始征收水资源费。至此，我国 8 个民族省区都已开征水资源费。各省区水利厅也采取相应措施，加强了水资源费征收工作，水资源费征收额不断提高。以云南省为例，2013~2016 年的水资源费征收额分别为 10.56 亿元、12.12 亿元、15.03 亿元和 20.6 亿元。但到目前为止，其中仍有近一半的省、自治区执行的是最低征收水平，征收标准过低，导致水资源费在地方财政收入中所占比例低，并且低标准的水资源费的价格引导作用不明显。

该阶段，全国性法律法规的陆续出台，对于促进水资源节约、保护与合理利用产生了积极意义，但由于各地水资源状况、经济发展水平、管理规范程度等方面存在较大差异，水资源费制度在实际运行过程中存在不少亟待解决的问题，具体如下：多头管理及违规收费现象时有发生；地方政府征收单位与用水部门讨价还价影响水资源费应收尽收；征收标准各地差异较大、部分地区征收标准过低，难以形成合理水价；水资源费的制裁、执行难度较大；经费管理和使用不规范，违背了水资源费制度设计的初衷。伴随着资源税改革的不断深化，将水资源"费改税"，纳入资源税扩围管理范围的要求日益强烈。

第三节　民族地区水资源税改革

资源税是国家凭借政治权力取得的收入形式，具有法律强制性和操作规范性，是世界各国自然资源有偿使用的普遍选择。我国资源税在不同历史阶段承担了不同的职能，主要经历以下三代：第一代资源税主要用于筹集财政资金，体现财产税性质；第二代资源税主要用于调节级差收入，更具有所得税的特征；第三代资源税在生态文明建设背景下，具有生态税性质[1]。在这一发展过程中，体现资源税改革由注重收入职能到注重生态职

---

[1]　李慧玲，胡词敏. 我国水资源税计征方式研究 [J]. 河南财经政法大学学报，2018 (6)：39.

能的转变。这一转变，在资源税扩围中得以进一步强化。水资源是我国资源税扩围的首选对象。

　　我国民族地区虽然资源较为丰富，但生态环境脆弱，加之社会经济发展水平较为落后，可持续发展遇到瓶颈。依据严耕等（2015）测算，我国民族地区8省区生态文明建设水平，即绿色生态文明指数（GECI）发展速度呈放缓趋势①。我国民族地区人民长期依赖当地自然资源生产、生活，尤其是居于偏远落后地区的少数民族群众，不能充分享受现代化和城市化文明成果，只能"靠山吃山，靠水吃水"，以自然资源为其生存的必要条件，对当地水资源长期使用中形成一种非法定权利关系的事实占有，其生产、生活与资源、环境、生态保护关系密切。民族地区水资源税改革对于促进当地水资源节约及合理开发、利用，对满足民族地区人民及其后代对优质水资源及良好生态环境的需要都具有积极意义。

　　综上所述，上述内容构成民族地区水资源税改革的前提。

一、水资源税概念及职能

　　水资源税属于资源税范畴，是国家推动资源税扩围的首要对象。我国对资源价值研究始于20世纪80年代中期，当时多关注矿产、天然气等资源，并未对水这一非耗竭性资源的价值予以充分重视②。水资源有物质性产品和生态服务两种用途，都是人类生存发展所必需的。在中华人民共和国成立之初，包括水资源在内的生态资源比较充裕，但人们物质生活水平低，对生态资源的物质性产品边际效用评价较高、需求比较大。因此，中央政府实施了一系列制度与政策，如围湖造田、填海造地、湿地开垦等，有效地满足了社会紧迫的物质性生活需要。此时，水资源充裕，两种用途

---

　　① 严耕，吴明红，樊阳程等．中国生态文明建设发展报告2015［M］．北京：北京大学出版社，2015：17.
　　② 姜文来，王华东．我国水资源价值研究的现状与展望［J］．地理学与国土研究，1996（1）：4.

间不存在竞争和矛盾。但到 20 世纪末 21 世纪初，随着对生态资源在物质性产品用途方面过度的开发利用，人们逐渐发现对水资源开发利用已经超过其自我更新的限值和承载能力，水资源提供生态服务的能力下降问题凸显出来，两种用途间的竞争和冲突随之加深并恶化，作为生态服务资源的水资源就成为越来越稀缺的经济资源，产生了对其合理配置和利用的必要。

中央政府根据人们变化了的水资源用途偏好结构，做出以生态服务利用为主导的生态资源利用决策，开始实施限制或禁止占用湿地、湖泊及退田还湖等制度和政策，增加生态服务建设投入，将良好的生态服务作为保障和改善民生的重要内容之一，与调整经济结构和经济良性增长统一起来，以满足社会日益增长的生态服务需求。2011 年，中央一号文件《中共中央、国务院关于加快水利改革发展的决定》对水资源的定位做了明确界定——"生活之需、生产之要、生态之基""在经济社会发展过程中要统筹生产、生活与生态用水的需求"。

基于以上分析，本章认为，水资源税是以水资源节约利用和水生态保护为目的，以开采或使用的各种水资源为征税对象，通过外部成本内部化引导水资源节约、保护和合理利用的生态税种，是具有生态价值的资源税。

对水资源税职能定位，首要就是先明确其"税"的性质。水资源税是税，不是费。水资源费从设计之初，目的主要是基于资源稀缺性体现水资源的有偿使用，是用水主体取得取水权缴纳的费用，是水价的一部分，是内涵有使用者付费和资源保护目的的范畴。这样的内涵使水资源费职能定位不清，兼具租和税的职能，而并非只是体现国家作为社会事务管理者依据行政权力并按照成本补偿和非营利原则向特定服务对象收取的行政事业性收费。除"水资源费"外，其他包括各种涉及水资源的行政规费才属于"费"的范畴。水资源税改革正是将水资源费改为水资源税，并通过进一步清费立税的方式取消水资源费及其他一些不合理的涉水规费，但一些合理的规费还有必要保留，使税、费"各归其位"。此外，《水资源税改革试点暂行办法》中将水资源税作为资源税税种中的一个税目进行征收和管理，并规定了只对水资源的取用征税，不包括水资源的污染税。水资源税属于自然资源保护税，而不是环境保护税。水资源税仅约束纳税人水资源的利用量达到节约利用的目的，但对排放污水行为无能为力①。

　　从《水资源税改革试点暂行办法的通知》及《河北省水资源税改革试点实施办法的通知》来看，我国水资源税改革的目标是"为促进水资源节约、保护和合理利用"，这体现为国家开始试用税收的杠杆作用优化用水结构②，也是水资源税职能定位的依据。税收的性质包含两个基本的方面，即财政收入筹集和社会经济调节。前者是税收的本源性质，后者是一种派生性质③。总体来说，开征水资源税具有以下三个功能：一是促进节约、保护、合理开发水资源，二是促进水生态环境保护，三是筹集财政资金。对于水资源来说，第一个功能是直接目的和主要功能；第二个功能以第一个为基础，从层次上又高于第一个，前两个职能体现为弥补外部性的社会经济调节职能，是对水资源开发利用主体产生的负外部性收税，这种外部性包括代内外部性和代际外部性；第三个功能则居附属、从属地位。

二、局部地区自主征收阶段的民族地区水资源税制度

　　以 2016 年 7 月 1 日水资源税试点改革为界，我国水资源税征收可以分为两个阶段：一是国家试点改革前的局部地区自主征收阶段；二是国家统一主导的水资源税试点征收阶段。在以河北省为首个试点一年多之后，又增加了包括内蒙古、宁夏等 9 个省（市、自治区）试点，相信过渡到全面征收水资源税阶段也将为时不远。

　　局部地区自主征收阶段，水资源税的征收依据是 1994 年修订的《中华人民共和国资源税暂行条例》，规定允许各省、自治区、直辖市自行决

---

　　①③　陈少克，王银迪．水资源税的性质与我国水资源税制的发展与完善［J］．税务与经济，2018（4）：99.

　　②　李维星．我国水资源费改税政策评述［J］．中国物价，2018（8）：60.

定对未列举名称的其他非金属矿原矿和其他有色金属矿原矿开征或缓征资源税，这为资源税进一步扩围提供了有利条件。海南省最早在1996年对地下水、地热水、矿泉水开征资源税，之后也有不少省份先后对这几种水资源等开征资源税。直到2016年国家开展水资源税试点改革，其间约有14个省区针对这几种水资源开征资源税。从征税对象看，多数省份是地热水和矿泉水，海南、广西、辽宁葫芦岛市、锦州市则将地下水征纳入征收范围。此外，云南和陕西还将纯净水和超纯水也明确列入矿泉水进行征收。从计税依据看，绝大部分省份是依据销售量或自用量实行从量定额征收；而个别省份，如重庆还规定对未计量设施的纳税人，或者不能单独计量地下水（温泉水）销售和使用量的酒店、宾馆、度假村等按营业收入的1%征收比例税率。从税收优惠看，有些省份酌情对居民用水和农业用水等实行税收优惠。

表1-8显示了这一阶段部分民族省区征收水资源税的情况。2016年7月1日，新疆维吾尔自治区开始对矿泉水和地热（原矿）分别征收3%和4%的资源税。这些民族省区对水征资源税主要体现为对矿泉水和地热水开征的资源税，征收依据也大多是在自治区或省政府发布的资源税相关条例、办法或行政通知中。

表1-8　　　　　　　　　　部分民族省份征收水资源税情况

省份	征税对象	计税依据	现行税率	开征日期	其他
广西	矿泉水	销售量或自用量	4元/吨	1997年7月1日	——
	天然泉水				
	地下水		1~3元/吨	2013年10月1日	
云南	地下热水	销售量或自用量	3元/吨	1998年1月1日	各地、州、市税率有差异
	矿泉水		——		含纯净水、超纯水

续表

省份	征税对象	计税依据	现行税率	开征日期	其他
西藏	天然矿泉水	销售量	3 元/吨	2007 年 1 月 1 日	—
内蒙古	矿泉水	销售量或自用量	3 元/吨	2008 年 9 月 1 日	—
	地热水				

资料来源：各省区相关政策文件。

三、试点征收阶段的民族地区水资源税制度

在不少省份自发进行水资源税局部征收的同时，全国范围内还是以水资源费普遍征收为主。这个过程中，水资源费由于自身的缺陷而暴露出的问题越来越明显，越来越难以满足对水资源可持续利用的要求。

凭借税收特有的强制性、无偿性和固定性，通过水资源税这一手段来矫正和弥补水资源取用过程中产生的负外部性，法律程度更高，具有更强的刚性和征收力度，可以有效提高征收率并减少偷税逃税等现象。尽管此前水资源费的征收标准普遍较低，但在实际征收过程中，由于存在地方政府为招商引资，发展经济随意减免等情况，水行政主管部门面对地方出台的法规之间的不协调难以适从，以及对欠费行为缺乏强制力保证等因素，水资源费的征收率仍然较低，距离应收尽收还有很大距离。据水资源税（费）政策研究课题组（2010）的调查显示，全国大部分省份水资源费征收率低于 70%。如湖南省省级实际征收率约为 70%，市县级仅为 45%；辽宁省水资源费实际征收率只有 35%[①]。另外，通过税收方式还有利于理顺财政分配关系，解决财政预算约束乏力问题，同时有利于规范征收主体、厘清部门间权利关系。此外，改革后将水资源税征收工作交由税务部门也无须再添加工作人员，可在一定程度上降低政府管理成本。

---

① 水资源税（费）政策研究课题组. 中国水资源费政策的现状问题分析与对策建议 [J]. 财政研究，2010（4）：41.

2016年7月1日，河北省作为首个试点开始推进国家水资源税改革。这一选择具有一定特殊意义，河北省人均水资源占有量仅为全国水平的1/7，约为国际公认的"极度缺水标准"的56%。长期以来，河北省不得不以超采地下水来维持其地方经济社会发展，地下水占到供水总量的80%，是全国平均水平的4.5倍。地下水超采总面积为6.7万平方千米，占全国的1/3①。河北省地下水长期超采，在全国最为突出，引发了地下水位下降、河流干涸、地面沉降等诸多严重地质和生态问题，也严重威胁河北省生态环境和经济的可持续发展。

（一）第一批试点：河北省及其两个民族自治县的水资源税改革

根据《河北省水资源税改革试点工作指导意见》规定，水资源税改革不仅要完成税制设计和优化，还要"用税收杠杆调节用水需求，引导和鼓励节约利用地表水资源，抑制地下水超采，有效加强水资源保护，促进水资源可持续利用和经济发展方式转变"。在此目标下，河北省政府成立了由省长任组长，地税、水利、发改、财政等10余个相关单位为成员的工作领导小组，围绕《河北省水资源税改革试点实施办法》制定了水资源基础管理、水资源是征收管理等15个配套制度文件，建立了"1+15"的科学税收制度体系，在"税收共治"理念上形成了"水利核准、纳税申报、地税征收、联合监管、信息共享"的水资源税征管信息化模式，取得了明显效果和经验。以下结合河北省发布的公开数据及2018年年初对宽城满族自治县（以下简称"宽城县"）和围场满族蒙古族自治县（以下简称"围场县"）的调研情况对其水资源税改革的经验及成效进行简述。

水资源税收入大幅增长。水资源税试点运行以来税收刚性作用显著，河北省水资源税纳税人户数由2016年年初试点的7 600余户，截至2017年7月第12个征期结束，增加到1.6万户，申报取水量20.22亿立方米，

---

① 王晓洁，郭宁，杨梦. 水资源费改税试点：成效、问题及建议［J］. 税务研究，2017（8）：43－47.

税额 18.36 亿元，月均征收水资源税 1.53 亿元，较 2015 年月均水资源费增长 94%。截至 2017 年 8 月，围场县入库税款共 490.7426 万元。截至 2017 年 9 月，宽城县入库税款 2 710.56 万元，其中地下水资源税 2 466.46 万元，地表水资源税 244.1 万元。

均衡纳税人税负。试点改革基本实现了税负"三增三不变"的目标，即抽取地下水、超采区用水、高耗水企业的税负增加；居民生活用水、工商企业正常用水、农业生产用水负担维持不变。宽城县企业用水户新增县控水表 96 个，省控水表 12 个，新换（装）水表 124 个，实现了准确计量，规范征收，城镇公共供水企业按照规定申报缴纳水资源税，导致企业成本有较大增加，对企业生产产生一定影响，但由于公平了企业税负，也得到了纳税人的理解。

企业节水意识明显增强。水资源税改革方案按照地下、地表、循环水、采矿疏干排水等不同类型取用水设定了差别税率，同时对超计划取用水、计划外取用水实行了加成征收的惩戒性税率，有效发挥了税收的调控作用，以经济手段倒逼企业转型升级，有效促进水资源可持续利用。试点以来，河北省 2016 年地下取水量占总用水量的比例由 2015 年的 71.37% 降至 68.87%。围场县某制造企业通过转型生产节能型产品，每吨可节水 92.8%，年节约水资源税约 69.6 万元，5 年就能补回转型成本。县城其他企业也开始效仿进行节能技术转型。此外，通过采矿疏干水回用及外排再利用等差别税率等政策引导，全县铁矿回水综合利用率平均达到 70% 以上。

创新规范的征管模式。河北省在"税收共治"理念下构建多部门协同的信息化水资源税征管模式，有助于破除既往的体制机制制约。"河北省水资源税取用水信息管理系统"的推广使用提高了水资源税征收效率的征收率，也使各相关部门配合更加顺利。宽城县税务和水务主管部门建立并不断完善信息交换、联合检查和跟踪问效 3 个管理机制，收到了较好效果。为规范农业用水限额管理，促进农业节约用水，河北省探索了"以电折水"的新模式，各市县可以根据省水利厅测算的农业用水以电折水系数来选定各乡镇的以电折水系数值，为破解农业生产取用水量核定难题提供了解决方案。

建立完善的配套机制。水资源税改革的有效实施还需要水资源税之外相关政策配套支撑，如鼓励引导使用引江水就是水资源税改革的有效配套政策之一。河北省在南水北调工程中规划分水量为 30.4 亿立方米，试点前近两年内全省累计使用引江水 4.2 亿立方米，仅占规划分水量的 13.8%，而试点一年之内河北省通过政策引导已经实现了 109 个城镇公共供水厂由地下水向引江水转换，占应转换水厂总量的 85.2%，有效减少了地下水开采现象。

在水资源税试点中也暴露出一些问题。在实践层面，计税依据的技术条件及多部门协同的征管模式带来了征管成本的增加，以及民生行业税负的增加，如城镇公共供水企业存在原先水资源费执行标准低及实际缴费不足等问题，在试点后企业名义税负虽平移基本不变，但实际税负则有所增加。王晓洁等（2017）对河北省水资源税试点核算的结果也显示，城镇供水企业每抽取一吨地表水或地下水分别需要承担 0.07 元和 0.27 元的税负，较之前明显增加[1]。此外，围场县地缘广阔，征管基础条件差，人员设备不足也为水资源税征管增加了难度。

（二）第二批试点：内蒙古、宁夏两个民族地区的水资源税改革

2017 年 11 月 28 日发布的《扩大水资源税改革试点实施办法》定于同年 12 月 1 日起在北京、天津、山西等 9 个省区市进行第二批水资源税改革试点。内蒙古和宁夏回族自治区进入水资源税试点行列。

内蒙古和宁夏回族自治区政府分别制定了《水资源税改革试点实施办法》，宁夏还发布了《水资源税征收管理暂行办法》。两个自治区都仿照河北的经验，采用"税务征管、水利核量、自主申报、信息共享"征管模

---

① 王晓洁，郭宁，杨梦. 水资源费改税试点：成效、问题及建议［J］. 税务研究，2017（8）：43－47.

式，保障水资源税改革顺利开展，试点取得了较好效果，以宁夏为例，征收税款明显增加，2018 年宁夏万元 GDP 用水量为 177 万立方米，比 2017 年降低 7.3%，全自治区工业用水量 4.34 亿立方米，比 2017 年减少 1 700 万立方米单位工业增加值用水量比 2017 年降低 11%[1]，用水效率进一步提高。差别化税率也倒逼企业尤其是特业企业转变用水方式、减少地下水取用量，如中石油宁夏石化公司停用了超采区范围内的自备井 27 口，专门铺设管道从干渠取水，比 2017 年同期节约地下水 9 万立方米；华能宁夏大坝发电公司引进清洁水质设备，对地表水进行循环再利用[2]。《内蒙古自治区水资源税征收管理办法》相对其他试点较为细致，也取得了较好的效果。笔者调研 2013～2017 年呼伦贝尔水资源费税征收情况，如表 1－9 所示。

表 1－9 　　　　　**2013～2017 年呼伦贝尔市水资源费税征收情况** 　　单位：万元

年份	市本级水资源费征收额	全区水资源费征收额
2013	2 515.88	4 229.58
2014	2 497.04	4 968.35
2015	2 590.51	5 699.16
2016	2 026.01	5 709.63
2017	3 002.84	6 070.18

呼伦贝尔市自试点开始 7 个月以来，已征收水资源税 5 000 余万元，远超过表 1－9 所示 2017 年的水资源费征收额，征收效果明显优于原水资源费的征收情况。由此可见，水资源税的征收刚性高，避免了以前水资源费征免随意、协商征收等问题，能有效促进水资源节约保护的调控目标。

民族地区水资源税改革取得了显著成绩，但也存在一些问题有待改

---

① 陈丹，马如国. 宁夏水资源税改革试点探索与对策建议 [J]. 中国水利，2019 (13)：27.
② 魏萍. 我区环保税水资源税改取得预期效果 [N]. 宁夏日报，2018－4－23 (7).

进。如在调研中发现，《内蒙古自治区水资源税征收管理办法》存在较为明显的不够细致问题，税额标准规定甚至不如原水资源费费额标准细致。内蒙古自治区地域面积为 118.3 万平方千米，横跨中国东北、华北、西北三大地区，东部土地面积、耕地面积和人口都相对较少，但水资源总量却极为丰富，约为内蒙古的 2/3 强，人均水资源占有量为内蒙古均值的 3.6 倍。中西部地区则大多水资源紧缺。可见，内蒙古水资源状况区域差距大，统一的税额标准不能很好适应不同区域的水资源禀赋及社会经济发展实际，在执行过程中带来诸多问题，甚至引发一些矛盾，对于水资源税改革目标的实现是亟须解决的问题。

第二章

民族地区水资源税改革的
利益相关者

第一节　民族地区水资源税改革
利益相关者的识别

一、利益相关者的动因和动力：利益、利益主体性

（一）利益

利益是指对人有良性影响的事或物。利益主要有物质利益和精神利益两种形式，是人们能满足自己需要的物质财富和精神财富之和。依据不同研究目的和对象，利益也可以有不同的分类方式，如政治利益、经济利益和文化利益，个人利益、群体利益、集体利益、集团利益、阶层利益、阶级利益和国家利益等。

利益是与人相关的重要社会现象。利益反映在人脑中，呈现为利益意识和利益观念。人类生存相关的一切社会活动都与利益息息相关。因此，

人类在利益上总是用心的①。意大利哲学家维柯首次明确提出利益的社会历史作用，法国哲学家爱尔维修则真正将利益问题赋予社会研究的基础性地位："利益是社会生活中唯一的、普遍起作用的因素。利益是社会生活的基础，是社会生活中唯一的、普遍起作用的社会发展动力和社会矛盾根源，一切错综复杂的社会现象都可以从利益那里得到解释。"② 尽管爱尔维修的利益说是以物质主义观念为基础出发并论证的，但对于我们今天研究社会经济矛盾问题不无启发。利益是人类社会普遍存在并广受关心的问题，是人们进行社会活动的重要目标，也是利益相关者参与相关经济、政治等社会问题决策的动因。人类任何社会活动的目的都是为获得一定的利益。对利益的研究成为剖析社会现象尤其是经济现象、探索社会和经济发展内在规律的重要途径。

社会关系是利益得以延伸和扩展的社会基础，社会关系及利益的主体都是人。利益是人的利益，人是利益的主体。而人又不是孤立的，是社会中的人。因此，利益离不开社会及社会关系，利益自身也反映出人与人之间的社会关系。利益本质上就是一个社会关系范畴。在一定社会关系下，利益的分配和实现需要凭借一个重要的因素——能力。能力是利益主体实现利益的重要条件之一。在其他条件相当时，能力大小的差异直接导致主体获得利益的差异。

（二）利益的主体和主体性

利益总是隶属于一定的主体，这个主体是人，而非物。因为社会经济矛盾是人的矛盾，人是社会经济矛盾的主体，因而也就是利益的主体。不同的主体因其特殊性而具有不同的利益诉求，利益是一切主体活动的出发点和归结点。马克思曾说过："人们奋斗所争取的一切，都同他们的利益有关。"③ 人们的一切活动"首先是为了经济利益而进行的，政治权利不

① 高岸起．利益的主体性 ［M］．北京：人民出版社，2008：19.
② 王伟光．利益论 ［M］．北京：中国社会科学出版社，2010：11 – 12.
③ 马克思恩格斯全集（第 1 卷）［M］．北京：人民出版社，1956（1）：82.

过是用来实现经济利益的手段"①。利益主体是人，进一步说就是处于一定社会关系下的，以劳动、交往等社会活动直接或间接谋求满足其自身不同社会需要的个体或群体的人，具体表现为利益的生产者、承担者、实现者、归属者、追求者及消费者等形式。因不同形式、内容或性质的利益差别而产生的利益关系和利益矛盾，都需要通过利益主体来进行传递。利益关系、利益矛盾就是利益主体之间的关系和矛盾。②

黑格尔认为"人是意识到这种主体性的主体，因为在人里面我完全意识到我自己，人就是意识到他的纯自为存在的那种自由的单一性"③。人是利益的主体，人有利益的主体性，即人能够意识到自己的利益，有关于自己利益的自觉意识，也表现为人在一定社会活动中对待其所面临的利益客体的自觉性、自为性、自主性和创造性④。作为社会关系的利益主体，拥有对其物质利益及精神利益的自觉意识，人的利益主体性正是人作为利益主体主动参与某项经济、政治等社会问题决策的动力。人的个体特性及其在社会关系体系中的地位等要素，综合地决定了人们利益的主体性，决定了这种主体性的多样性及其发挥程度的差异性⑤。

利益的主体性和限制性是对立统一的，众多的利益主体性相互作用就产生了利益的限制性。利益的主体性既有挣脱限制的意愿，但又不可能完全摆脱限制，因为限制是社会关系的必然产物，没有限制就等于没有社会关系，也就不会再有利益的主体及主体性。因此，社会经济矛盾是相关利益主体利益博弈的一个动态平衡的过程与结果。利益的主体性也呈现出双重效应——正面效应和负面效应。在利益关系的促进中，要积极升华和发挥利益主体的利益主体性，也就是不仅要提升利益主体性的正面效应，还要抑制利益主体性的负面效应。

---

① 马克思恩格斯全集（第4卷）［M］. 北京：人民出版社，1956（1）：250.
② 王伟光. 利益论［M］. 北京：中国社会科学出版社，2010：98.
③ ［德］黑格尔. 法哲学原理或自然法和国家学纲要［M］. 范扬、张企泰译. 北京：商务印书馆，1961：46.
④ 高岸起. 利益的主体性［M］. 北京：人民出版社，2008：31 - 32.
⑤ 高岸起. 利益的主体性［M］. 北京：人民出版社，2008（序）：2.

在社会主义制度中，宪法认可公民的利益主体性，也规定了公民在行使利益主体性的同时，不能损害国家、社会和其他公民合法的利益主体性。因此，想要把民族地区水资源税改革这类社会经济矛盾有效、最优化地解决，就需要在政府的主导下，寻求各个利益相关者的动态利益协调，达到多维互动的利益共容状态。这相比传统的、自上而下的行政管理模式有极大的优越性，各相关利益主体充分、及时参与更有助于促使经济利益与生态利益的协调与共容，从而有效制约不同主体的利益偏差。

（三）利益相关者

利益相关者是指受某项政策、规划、计划或措施影响的那部分利益主体，即在其中有"利害关系"的人，有时也包括对该问题感兴趣的人群。这些利益主体在该项事务中的利益具有相关性和限制性。

"利益相关者"概念最早于 20 世纪 60 年代初被提出，是关于（商业）组织的一种初级界定。1965 年美国学者安索夫（Ansoff）将其引入管理及经济学界，此后逐渐引起学者关注。1984 年爱德华·弗里曼在《战略管理：利益相关者方法》一书中对该理论进行了系统描述和分析，之后影响逐渐扩大。弗里曼认为，利益相关者是"任何影响企业目标实现或受目标实现影响的个体或群体"，并倡导公司通过"利益相关者"参与共同治理，提升治理水平。利益相关者理论强调在经营环境已经发生变革的时代趋势下，企业不能再单纯追求经营牟利，还要通过关注社区居民、社会公众、自然环境公共组织等其他利益相关者的利益，创造良好的经营环境以谋求企业良性经营和持久发展。

利益相关者理论的基础是利益相关者的利益相容。广义来看，利益相关者理论可以作为一个公共关系的工具，通过重新定义、识别、描述和分析利益相关者的利益诉求及利益关系，探索使所有利益相关者利益均衡或创造更多价值的方案以谋求利益最大化。管理者的首要任务就是为利益相关者创造尽可能多的价值。在利益相关者利益发生冲突时，管理者必须找到重新思考该问题的方法，这样才能把他们的利益结合在一起，甚至为他们创造更多价值。格林布尔和韦拉德（Grimble & Wellard，1997）提出，利益相关者分析对于组织具有双重功能：一是完善政策和项目的选择、效率、效益与评估；二是完善政策和项目的分配、社会和政治营销的评估①。布莱森（Bryson，2004）认为，在公共部门组织使命的问题上，利益相关者分析是在"创造公共价值"的广阔背景下，通过实现其特定的任务来进行。要特别注重利益相关者几个重要因素的分析：一是确保并提高目标的可行性；二是关注并提升利益相关者的满意度；三是管理者及程序的合理性、合法性和正义性等。基于这些深刻的见解，布莱森提出，利益相关者分析的系统运用将为公共部门带来更优的产出②。

利益相关者理论被广泛应用于经济、法律、公共政策、行政管理、资源环境等诸多领域。资源与生态环境问题往往由于其广泛的外部性，牵扯的利益问题颇具复杂性和重要影响，因此利益相关者理论特别适合解决该类问题，目前较广泛地应用于生态环境政策制定及相关冲突管理中。波因德克斯特（Poindexter，1995～1996）认为，利益相关者理论为解决环境问题上的冲突提供了一个决策流程。在审议"绿地方案"中，利益相关者理论的优点是"决策者在决策过程中考虑了所有利益成员的意见，而没有优先考虑任何一个特定团体的利益"。在该意义上，利益相关者理论提供了"在环境权益、经济权利和更广泛的环境目标之间进行选择的理想模式"③。格林布尔和韦拉德（Grimble & Wellard，1997）讨论了将利益相关者分析作为一种工具帮助自然资源管理者的可能性，尤其是当他们面对各种不同的利益和目标，并寻找高效、公平和可持续的战略方针时。④

---

① Grimble, R. and Wellard, K. Stakeholder methodologies in natural resource management：A review of principles, contexts, experiences and opportunities. Agricultural Systems, 1997, 55 (2)：173 – 193.

② Bryson, J. What to do when stakeholders matter. Public Management Review, 2004, 6 (1)：21 – 53.

③ Poindexter, G. C. Addressing morality in urban brownfield redevelopment：Using stakeholder theory to craft legal process. Virginia Environmental Law Journal, 1995 – 6, 15 (1)：37 – 76.

④ Grimble, R. and Wellard, K. Stakeholder methodologies in natural resource management：A review of principles, contexts, experiences and opportunities. Agricultural Systems, 1997, 55 (2)：173 – 193.

水资源既是人类赖以生存、生产的必需资源，又是最重要的环境要素。水资源税改革不仅涉及当代诸多相关利益主体的利益，还涉及后世子孙的代际利益。因此，水资源税改革的政策制定及实施过程，非常有必要采取利益相关者参与的行动方案，由此保障水资源税改革的公平、科学、合理。民族地区水资源税改革所涉及的利益相关者，就是该民族地区所有直接或间接受到水资源税改革及水资源、水生态影响的当代和后代群体①。由于民族地区在族群、经济社会发展水平、水资源条件、水资源开发利用等方面的特殊性，而使这些利益相关者群体相比其他地区具有了特殊性。

要使利益相关者参与行之有效，一方面，要在该政策制定与实施的整个过程中充分体现利益相关者的参与并有机会表达诉求；另一方面，要为之建立有效参与的运行机制。基于此，首先要识别该项目的利益相关者，继而深入分析各方属性、利益诉求、相互间矛盾的内容、形式及依存关系，然后确定其权益主张的优先顺序及协商机制。对于民族地区水资源税改革来说，有效的利益相关者参与管理必须明确回答以下四个问题：①该民族地区水资源税改革中涉及的利益相关者都有谁，其利益诉求各是什么？②应更多地关注利益相关者的中的哪一方并在方案中体现其利益诉求？③利益相关者之间的矛盾关系和依存关系如何表现？④利益相关者采用何种协商方式与合作治理机制最有效率？

关注如何将利益相关者因素纳入水资源税改革政策的制定，首先，必须明确涉及的利益相关者包括谁，了解其各自利益及所承担的风险；其次，需要知道在众多利益相关者中，应该更多地关注谁，如何把他们的利益诉求体现在政策或方案中。这两个问题是建立政府与其他利益相关者之间有效的治理机制、促使利益相关者之间有效合作所必须回答的。

---

① 本章将利益相关者界定为群体，群体有可能是组织，有可能只是松散的个体集合。

二、利益相关者识别：民族地区水资源税改革的首要环节

人对利益的追求看似表现为个体性的动机和行为，但本质上具有"集合性"①，这是利益主体的社会性本质所决定的。没有任何单个利益主体可以脱离社会、脱离群体完成其对利益的取得和分配，因此，利益主体对其任何利益的追求过程都是群体性的，必须经过一定的社会关系与社会活动过程才能完成。民族地区水资源税改革中的利益相关者，是受到民族地区水资源税改革影响的群体，在其中有"利害关系"的人，也包括有间接利益的群体或对该问题感兴趣的群体，即与该利益问题相关的利益主体。

让利益相关者参与到政策规划和实施过程中的机制，有三个环节，即识别、建立关系网络和认可：①识别。为了启动规划过程中的公众参与，利益相关者分析是极为重要的。该分析不仅为在规划初期进行彻底的利益相关者结构分析提供了机遇，而且还为人们在情况熟悉的区域中重新分析利益相关者结构并识别关键利益相关者提供了机会。②建立关系网络。与被识别出来的，但尚未参与到规划过程中的利益相关者建立联系。③认可。该阶段致力于让利益相关者认可所发现的问题，进一步推动利益相关者参与。规划或政策目标是在这一阶段被确定下来的，但主要问题是让利益相关者认可实现目标所需要的措施计划。

科学识别利益相关者是实现民族地区水资源税改革利益共容的首要环节。进行利益相关者分析，首要是对利益相关者群体进行科学划分，其关键是合理设定利益相关者的划分标准。利益问题首要是和经济利益密切相关的。王伟光（2010）认为，从一定的经济关系尤其是物质的生产关系视角为指针来划分利益群体，应当是一个基本原则。② 在此基础上，也可以适当考虑深一层次的社会分工与价值立场等因素来划分利益群体，从更为

---

① 王伟光．利益论［M］．北京：中国社会科学出版社，2010：100－101.
② 王伟光．利益论［M］．北京：中国社会科学出版社，2010：139－141.

广泛的社会关系出发来识别划分相关的利益群体。根据我国现阶段水资源开发、利用的实际情况，本章从利益主体的经济社会分工关系及与水资源的开发、利用和管理关系角度，将民族地区水资源税改革利益相关者主要划分为以下几个群体：①居民。主要分为城镇居民、农村居民两大类，继而根据城镇供水管网覆盖情况及与水资源开发利用情况的关系进行细分。②企业。主要分为一般工商企业、水电企业、其他典型涉水经营主体三大类。③政府部门。主要分为中央政府、民族地区地方政府、政府职能部门三大类。④当地居民后代和民间团体等间接利益主体。

居民是水资源税改革的直接利益相关者。目前，我国城镇居民及部分临近城镇的农村居民生活用水基本已使用自来水管网供应，而水资源税的纳税对象目前规定为"直接从江河、湖泊（含水库）和地下取用水资源的单位和个人"。居民生活用水具有民生属性，因此水资源改革初期秉持"税费平移原则"。但从长期来看，为保障水资源税调控作用的普遍性及有效性，居民生活用水的水资源税纳税人及税率都应进行调整，本书后边会对此进行相应分析。对居民利益的分析以城镇公共供水管网覆盖范围划分，覆盖范围外的农村居民根据研究目的又分为两类：一类是偏远少数民族社区，其地理条件较为复杂，经济发展较为落后，自然条件较为原始，尤其是山区，过于分散的村寨分布格局导致集中供水困难，对水资源的利用和管理多采用千百年来延续的传统方式；另一类是受水能资源开发影响的少数民族社区，其中，受影响最大的是移民，他们因为水能资源开发而失去了家园、农田和谋生手段，是需要重点关注的群体。

企业是水资源税改革中重要且直接利益相关者，也是当前受水资源税改革影响程度最大的群体。根据本书研究目的将其分为三大类：一是一般工商企业，虽然改革初期秉持"税费平移原则"，但实际上税收的刚性以及水源的分类税率标准将对其产生较大影响；二是水电开发企业，其中又包括国家大型水电开发企业，也有一些私有资本兴建的小型水电开发企业，一般与当地少数民族社区之间存在较大的利益矛盾；三是其他典型涉水企业，包括洗车、洗浴、高尔夫球场、滑雪场等特殊行业，也有矿泉水、地热水开发企业等。

政府是水资源税改革的核心，负责税改方案规划、水资源税制度的制定、实施和对全局工作的统筹、规划。其中，中央政府工作重心在于全国水资源税改革的全局规划、统筹推进、绩效考核、完善改进等方面；民族地区地方政府工作重心则在于根据国家政策原则、框架，结合本地区实际设计适宜的改革方案，下达下级政府和职能部门实施、并负责考核完善、向中央政府报告等；相关政府职能部门则负责具体分管工作的落实，涉及民族地区水资源税改革落实的相关政府部门，主要包括税务、水利部门，也涉及城建、土地等部门。

当地人类后代是一个特殊的未来代际群体，他们的利益虽然不在当下直接因水资源税改革而受益或受损，但若干年后，该群体便会因历史上人们的政策和行为导致其生存环境受到不同程度的影响。此外，还要考虑非人物种。非人物种指的是水资源所在地因水资源开发利用而受影响的植被和动物。严格来讲，非人物种并非一个独立的利益相关者，这里将其考虑其中的原因有二：其一，它们是人类及其后代生存发展必要的自然条件和生态条件；其二，动植物保护协会等组织会作为水资源税改革的利益相关者参与其中为其利益代言。

民间团体（主要有一些关注公益的环境保护、动植物保护协会或组织等）、教育机构、科研机构、媒体等群体，出于其价值观、社会职能和立场等因素而对水资源保护、水资源税改革等保持一定关注和监督，属于水资源税改革的间接利益群体，是从社会总体层面对水资源税改革中间接、长远、代际利益的关注者和维护者，一般不直接参与利益分配。当地人类后代及非人物种并不能直接进行利益诉求，他们的利益主要通过间接利益群体来表达，也受到政府一定程度的主动关注。

利益相关者是在一个组织或者一项政策中拥有自身相关利益并能够对目标实现产生影响的利益主体。水资源税改革是一个关系到民生问题、复合了生态利益和经济利益重新配置与均衡的过程，是利益相关者之间通过良好的参与机制进行沟通、协调、利益让渡和责任分担的促进税制建构的过程①，而且由于水资源对人类生存发展的特殊必要性，水资源税改革不仅是一个经济问题，还是一个社会问题。

第二节　水资源税改革中的居民利益

一、民族社区及其水资源权利

（一）民族与社区叠加的利益主体

民族地区是以少数民族为主聚集生活的区域，因此民族地区实际上涵盖了众多少数民族聚居社区，包括与其相应的各不相同、差异巨大的社区利益结构。王文长（1999）认为行政区划与民族分布重叠的利益主体，一般具有双重角色，表现为"民族—社区"利益主体，即一方面充当社区利益主体的角色，另一方面充当民族利益主体的角色。"民族—社区"的利益结构是区域利益分层与民族分布重叠的一种特殊结构。这种利益结构的特殊性表现在利益主体之间的关系，不仅是利益关系，还表现为区域和民族的双重性②。

"民族—社区"的利益结构因其双重特点，利益边际的冲突方式也有所不同。处于该结构中不同利益主体之间的矛盾冲突主要有两种表现：①心态反差型。在现实生活中，贫困群体与少数民族聚居群体存在某种程度的重叠，贫富反差促使人们对社区生存发展状况及区域经济发展政策重新评价。②直接冲突型。利益主体之间的关系主要表现为地域相连的不同民族聚居区之间的矛盾。

---

① 赵瑾璐等. 论利益相关者视角下的资源税改革 [J]. 山东社会科学，2014（6）：127.
② 王文长. 开发经济学 [M]. 北京：海潮出版社，1999：255–256.

社会的结构形式在一定程度上影响和决定了社会分配的过程和结果。斯皮克（Spicker，1995）提出，环境弱势群体是在环境资源利益与负担分配中受到不公正对待的社会群体，其生活机会和社会奖励分配在长时间和系统性获得不公平待遇①。处于同一个社会系统中的不同利益相关者群体，其能力、地位等因素的差异而导致资源、生态利益分配的差异。在涉及资源、生态的利益分享与负担分配中存在不同程度利益主体分离。在资源生态配置中占据优势的利益相关者利用其占有自然资源与社会资源主导社会经济关系发展，享受财富增长，而将污染等附属品转嫁给社会承担。与此同时，居于弱势的利益相关者只能承受开发资源的负外部性，但没有享受应得利益，遭受环境劣变、贫困无助和生存恶化的境遇，或者生命财产受损，并且得不到社会补偿与救助，转而不断加剧对自然的索取。最终导致优势群体获得越来越多的经济利益和越来越好的环境，而弱势群体得到的却是越来越少的经济利益和越来越糟的环境②。当这种分离达到一定程度，就会破坏该系统的良性发展状态，进而导致利益相关者对该资源、生态的无序竞争和破坏性取用，造成一系列资源、生态、环境等社会问题和冲突。

水资源是一种人赖以生存所必需的自然生态资源，由于社会经济地位的差异，控制资源及生态环境的能力有别，对政府行政立法的影响不同，民族社区居民在对资源、生态利益的诉求中呈现相对弱势地位，这是由于各种自身或社会环境实际条件的制约。在水资源税改革中，作为改革的主导者和主要利益相关者的民族地区地方政府，要通过合理的机制将民族社区居民群体纳入其中，赋予其平等的机会和权利，合理表达利益诉求。

（二）民族社区的水资源权利

《中华人民共和国宪法》规定，水流等自然资源属于国家所有，即全

---

① Spicker. P，Social Policy：Themes and Approaches，London，PrenticeHal，1995：26.
② 杜健勋. 环境利益分配法理研究 ［M］. 北京：中国环境出版社，2013：167.

民所有。但事实上，我国很多地方乡村居民长期是在这些河流、湖泊自由取水生产生活的，包括在一些国家所有的自然保护区周边，居民长期都是依靠保护区内的资源生存，所谓"靠山吃山，靠水吃水"，这已经成为一种习惯和固定观念，也得到社会广泛认可。因此，虽然法律有明确规定，但是得不到有效执行，反而是由乡规民约、传统习俗长期演化而形成的非正式制度界定了产权。法律产权没有得到当地社会认同，而到河流自由取水则是一种由习惯界定、得到社会认同和尊重的事实产权。"事实产权是在事实上能够得到有效执行的产权，不必依赖于法律的规定和约束，甚至有时候主要受传统、习俗、习惯、宗教等的影响"①。因此，我们在少数民族社区对当地水资源的权利问题上要深入分析，合理对待。

权利，是对人与人关系的基本界定，当谈到物的权利关系时，其所有权的主体性就显现出来。《中华人民共和国水法》等法律都明确规定了水资源的国有即全民所有属性，水在实际中是最天然、最贴切地被表达为全民所有的自然资源②。《中华人民共和国水法》中规定"农村集体经济组织的水塘和由农村集体经济组织修建管理的水库中的水，归各该农村集体经济组织使用"。这说明少数民族社区对其当地水资源拥有的并不是所有权，而是使用权。

"事实产权"既非所有权，也非占有权，而是长期使用所形成的一种非法定权利关系的事实占有。但法理的社会公平正义观认为，存在于社会的每一个人均享有平等的生存权和发展权。少数民族多居于偏远落后地区，不能充分享受现代化和城市化文明成果，只能"靠山吃山，靠水吃水"，以自然资源为其生存的必要条件。王文长（2003）认为人类生存和发展天然地依赖自然资源并对自然资源的权属存在着惯性认同③。根据巴

---

① ［美］Y.巴泽尔.产权的经济分析［M］.费方域、段毅才译.上海：上海三联书店、上海人民出版社，1997：2.

② 赵晓明，王玉玲.水资源税的合意性分析——与水资源租、费的比较［J］.会计之友，2019（10）：135.

③ 王文长.民族自治地方资源开发、输出与保护的利益补偿机制研究［J］.民族经济研究，2003（4）：103.

泽尔（Bazel，1997）的观点，将产权界定给那些最能影响资产利用受益流的主体是最具效率的。当地及周边居民离水资源最近，拥有当地水资源的"地方性知识"，最能影响本地水资源的利用效率①。

因此，如果在对少数民族社区当地及周边水资源进行利用和管理时，忽视当地和周边少数民族社区居民的权力和作用，很大程度上会与政府政策的初衷偏离。李甫春（2005）对加拿大某水电站进行了研究，开发方由于没有关注该区域8万名居民的利益而在官司中败诉。此后，当地政府在进行自然资源开发时都与当地居民积极沟通、协商、谈判。在另一个水电项目上，当地居民获得了3亿加元补偿和银行贷款用于电力公司17.5%的投资。补偿款被当地居民用于创办公司及一些公共服务单位，既解决了一部分居民的就业问题，又提高了当地公共服务水平。

少数民族社区在民族地区分布较多，其特殊的"民族—社区"的利益结构、对当地水资源的天然权利及其后代对优质水资源及良好生态环境的需要，使其成为水资源税改革的利益相关者之一，水资源税改革要在相关环节和内容体现其利益诉求。

二、农业生产主体的利益及其水资源税缴纳义务

民族地区工业基础一般相对薄弱，农业在经济中所占比例相对高于全国平均水平。农业生产除了土地，最重要的要素是水。根据表 2－1 计算可知，我国农业生产取用水量大，2016 年农业用水量为 3 768 亿立方米，占全国总量的 62.38%，而民族 8 省区中除了云南、贵州之外，其余省区都高于全国水平。以新疆和田为例，和田地区少数民族占比达到 96.1%，农村人口占地区总人口的 82.7%。和田地区农业灌溉用水约占社会用水总量的 90% 以上，而工业用水量占比不到 1%，此外由于其地理气候条件原

---

① ［美］Y. 巴泽尔. 产权的经济分析［M］. 费方域、段毅才译. 上海：上海三联书店、上海人民出版社，1997：2.

因，生态环境建设用水占比较大，约为总量的 8%①。

表 2-1　　　　　2016 年民族地区用水总量构成及人均生活用水量

地区	总用水量 （亿立方米）	农业 （亿立方米）	工业 （亿立方米）	生活 （亿立方米）	生态 （亿立方米）	人均用水量 （立方米）	农业用水 占比（%）
全国	6 040.2	3 768.0	1 308.0	821.6	142.6	438.1	62.38
内蒙古	190.3	139.2	17.4	10.6	23.1	756.5	73.15
广西	290.6	198.3	49.8	39.7	2.7	603.3	68.24
贵州	100.3	56.4	25.7	17.4	0.9	756.5	56.23
云南	180.2	105.2	21.1	21.1	2.8	315.8	58.38
西藏	31.1	26.9	1.5	2.5	0.3	949.6	86.50
青海	26.4	19.9	2.6	2.8	1.1	447.1	75.38
宁夏	64.9	56.3	4.4	2.2	2.0	966.5	86.75
新疆	565.4	533.3	11.7	13.9	6.5	2 376.6	94.32

资料来源：《民族统计年鉴 2017》《中国统计年鉴 2017》。

　　相对如此巨大的农业用水量，农业用水应缴纳的水费及水资源费（税）却一直较低，难以起到应有调控作用。中华人民共和国成立之初，为鼓励农业生产，农用井是不交水费的。目前我国农业亩均收益尚不足千元，国家还给予农民各种补贴和优惠政策。但是，农业用水价格杠杆调节作用不足，农民浇地打开水阀随意漫灌，没有节制，对地下水浪费极大，长期以来还造成农用井取水缺乏管理，农民节水观念淡薄。近几年，国家通过农业水价综合改革，开始对农业用水收费以提高用水效率，力争告别"大水漫灌"。农业用水改革试点规定了每亩耕地的用水额度，定额内按现行农业水费计收，超额部分加价计收，改革目的是"强制节约用水，用好水"。民族地区目前实行的农业水费制度，基本是按 1985 年《水利工程水费核定、计收和管理办法》执行的，虽经多次改革，但主要是调整水价，

---

① 李香云. 新疆和田地区脱贫发展中的水资源问题 [J]. 水利发展研究，2017（2）：6-7.

基本原则几乎未变①。而且作为行政事业性收费，地方政府对其有较大制约和影响，也因其缺陷引起水资源浪费及征管等问题。

对于农民来说，农业生产也是经营活动，也要进行成本与收益的算计。刘阳乾（2006）认为水资源费是农业水费的一部分，多数地区农业水费是多级征收，即按灌（库）区、乡镇、村、农户的顺序多级征收，水费管理混乱且征收难度大，这不仅增加农民生产和灌区经营的难度，还导致水利工程运行和维护艰难，对农业发展造成严重制约。农业水资源应该尽快实现"费改税"②。水资源税是水价的组成部分之一，农业生产取用水应该征收水资源税，这是水资源税职能和目的的必然要求。梁宁等（2020）在研究以色列水资源税制度后，提出应合理制定农业用水限额标准，原则是有利于节水，既不能从严而加重农民负担，也不能从宽而任由水资源低效使用。各地结合自身"三条红线"用水总量控制指标压力和经济发展基础等因素，以农业用水定额作为制定限额的标准，科学合理、因地制宜地提出农业用水限额标准③。刘维哲和王西琴（2021）考察了农业水资源税改革的特殊性，认为存在纳税主体认定难、用水计量核定不精确、定额及税率核准不合理、征收管理难度大等问题，需要通过多途径开展主体认定，建立双额阶梯，探索税率动态调整，发挥农民自主治理，实现水资源税的有效管理④。

水资源税改革直接涉及农民生产利益。此外，水利工程建设、水电站建设等水资源开发利用中涉及的耕地占用、补偿、移民等问题，也涉及农民根本利益，若处理不当，不仅造成经济、生计困难，还造成文化、精神层面的困惑，形成普遍的社会问题。对于农业用水的水资源税征收应该遵循限额内免征、限额外从低征收的原则，另外要统筹考虑节水效果与农民

---

① 李晓琴. 甘肃省少数民族地区农业水费问题的探讨［J］. 甘肃水利水电技术，2002（2）：102.
② 刘阳乾. 论农村水资源费"费改税"改革的必要性［J］. 水利经济，2006（5）：69.
③ 梁宁等. 以色列水资源税制度经验与启示［J］. 水利经济，2020（6）：76.
④ 刘维哲，王西琴. 关于农业水资源税改革的若干思考［J］. 中国物价，2021（1）：88－89.

负担。从目前试点改革方案对农业生产取用水的规定看，基本上统筹考虑了促进水资源节约利用与减轻农民负担的因素，有助于推动农业灌溉方式转变和提高农民节水意识。所以，水资源税改革可以抑制农业不合理用水，与农业水价综合改革相互配合形成合力。只要做好节水工作，灌溉成本并不会增加①，也不会对农民日常普通用水造成影响。

■ 第三节　水资源税改革中的企业利益

一、企业利益：利润与社会责任的双重取向

企业为利润而生是基本的企业之道。传统观念也认为，追求利润最大化是企业经营的根本目的。随着社会进步与发展，有人对此提出了质疑：企业生产处于一定环境中，必然会对周围社区产生影响，社区居民会要求企业在生产经营同时必须注重环境保护，并对产生的负外部性给予一定补偿。企业不仅是社会经济运行的基本主体，同时也是实现社会良治的重要载体。美国学者谢尔登于 1924 年首次明确提出关于现代企业社会责任的概念，认为企业除了生产销售盈利之外，还有满足社会需求和发展的社会属性。企业作为处于社会中的经济体必然存在于法制化、经济化的社会关系中，因此不能忽视社会资本对企业的积极作用，因而企业有承担社会责任、并维护有关社会关系中各方利益的义务②。利润最大化并不能否定企业的社会责任，现代企业社会责任是经济社会和企业经营理念发展的必然产物，对维护及促进企业自身及社会运转和发展具有深远意义。

1997 年，美国非政府组织［社会责任国际（Social Accountability

① 朱松梅. 北京市农业灌溉用水将精确计量、收费［N］. 北京日报，2017 - 7 - 9（1）.
② 李燕. 现代企业社会责任的法学思维分析［J］. 法制与经济，2018（3）：194.

International，SAI）] 发布全球首个企业社会责任认证标准（SA 8000）①。我国政府也于 2006 年将加强企业社会责任明确写入新修订的《中华人民共和国公司法》，要求公司积极承担社会责任，对市场经济秩序和社会公共利益产生良好影响。2008 年国务院国有资产监督管理委员会发布《关于中央企业履行社会责任的指导意见》，对央企社会责任进行规范和引导。此后越来越多的企业开始将社会责任理念贯彻到经营管理中，以此提升其"软竞争力"。

利益相关者理论对企业社会责任考虑更为全面和深刻，强调企业应主动对所有利益相关者承担应有的责任，把企业生产经营活动与社会责任有机融合起来，这种理念在现代社会也将为企业发展营造长期的良性发展空间。按照西方的契约论哲学观，企业本质上是一种契约关系，通过利益相关者理论则能够进一步洞察企业的契约本质及背后直接或间接的契约主体。从该意义看，企业成为一个由股东、债权人、经理人、员工、客户、政府、周边社区居民及其他社会性组织等多个利益相关者构成的广义上的契约关系网。关系网中的各利益相关者根据其投入的要素、承担的风险及社会责任感等条件对企业享有相应的利益诉求权利。企业只有善待其利益相关者，他们才会持续为企业良性发展创造条件，否则，这些利益相关者将离弃或抵制企业，企业也将因此丧失很多发展机遇。在此时代背景和理念影响下，美国越来越多的州政府基于企业利益相关者理论修改其公司法，抛弃原先"股东至上"的理念，把当地社区居民、政府、环保主义者甚至一些教育科研机构等"能够影响企业目标实现，或者能够被企业实现目标的过程影响的任何个人和群体"都纳入利益相关者管理过程。事实也证明，企业在充分承担其社会责任之后，保障了自身良性发展。

虽然有不少企业积极主动地践行社会责任理念，但不可否认的是，尤其在生态环境方面，资源浪费、排污严重几乎是我国企业的普遍现象。企

---

① 陶友之. 企业利益论：市场主体微观利益关系研究 [M]. 上海：复旦大学出版社，2009：18.

业在利润和社会责任的双重取向中，利润是企业生存的基本要求，而社会责任的利益取向则需要企业家的长远视野和一定社会机制导引和制约。相比利润取向而言，社会责任取向目前还是普遍被动的。

二、水资源税改革对不同类型企业的影响

（一）对企业的一般性影响

水资源税改革是将原有行政事业收费性质的水资源费改为水资源税，这有利于通过我国相对完善的税收体制规范政府财政收入，进一步发挥税收对水资源在社会经济中配置的调节作用。水资源费改税前后，水资源费和水资源税有明显的承续性，但由于二者性质和形式的差异，对企业仍会产生以下影响。

一是法律责任不同的影响。水资源费属于行政事业收费，性质上是"费"的范畴，而水资源税是"税"。费改税前企业承担交费义务，不缴费面临的是行政处罚；费改税后企业承担的是纳税义务，不依法纳税将承担法律责任。这种改变对企业的影响是巨大而深远的，企业在税收刚性的制约下，实际缴纳的水资源税往往就要高于原先缴纳的水资源费。

二是缴纳时限不同的影响。相比水资源费一般按月缴纳来说，水资源税在缴纳时限上则相对灵活，可按季或者月交纳，税务部门还可依据实际情况，对因特殊情况不便按固定期限计缴的纳税人批准按次申报缴纳。水资源税对于缴纳时限的灵活安排，是对利益相关者的细致关照，对企业有缓解现金流出频率和压力的积极作用，也有助于促进利益共容。

三是会计核算不同的影响。水资源费属于行政事业性收费，财务上并没有统一的核算要求，在会计实务操作中一般列入"营业税金及附加"科目进行核算，对于能够归属于产品成本的可以计入生产成本科目，也有的计入管理费用科目。但水资源税按照相关法律规定要通过"营业税金及附

加"科目进行核算。不同的会计核算方法，对企业利润表会产生影响①。

赵自阳等（2020）在对河北水资源费改税成效分析中，通过聚类分析，测算各产业在2016年7月至2018年6月四个半年时间段的平均用水量排序如下：供水单位＞钢铁＞火电＞煤炭＞其他制造业＞铁矿＞其他服务业＞水利水电＞石化＞食品＞农业＞建材＞公共机构＞纺织＞居民小区＞造纸＞皮革＞医药＞建筑业＞其他采掘业＞餐饮住宿＞生态环境②。尽管改革采取"税费平移"原则，但由于费与税的刚性不同导致企业缴纳费与税的名义情况与实际情况不同，征收水资源税后，企业用水成本还是会有比较明显上升，运营成本会不同程度增加，这将在企业纳税人中产生以下三种效应：第一，企业用水费用上升，尤其是耗水量较大的企业，直接成本上涨将对企业生产形成较大负担；第二，部分企业开始通过技术改造提高水资源利用效率等方式降低成本，得以继续生存并发展；第三，部分企业创新意识或资金不足无法实现技术升级，发展受到进一步制约甚至退出市场，优胜劣汰效应显现。

除了水资源税费性质和形式上的不同外，水资源税在区分用水类型及税率等方面也有较大差别，将深远影响用水企业的利益和行为。例如，处于地下水超采地区的企业取用地下水，就会按照在非超采区取用水税额的2～3倍进行征收。此外，对超定额取用水的纳税人要在原税额基础上进行1～3倍加征。如果企业控制在定额内取用水，那么根据"税费平移原则"，水资源费改税前后基本维持不变，一旦超定额取用水资源，税收杠杆便会发挥明显的调控作用。

（二）对水电企业的影响

我国水电资源开发方兴未艾，国家资本、民营资本、国际资本等多方

---

① 王世杰，黄容. 水资源费改税对企业的影响［J］. 当代经济，2016（34）：31.
② 赵自阳等. 河北省水资源费改税成效分析［J］. 西北大学学报（自然科学版），2020（5）：726.

开发企业齐聚江边河谷，既有真正开发的，也有"跑马圈水"的①。水电开发冒进现象也折射出水电开发利润率非常之高，究其原因主要有以下三个：一是水资源费征收标准较低、刚性不足；二是企业成本中没有考量其消耗水资源的生态服务价值；三是对于水电开发中涉及的生态及移民补偿等均按最低限额执行，导致企业所面临的水资源成本远远低于真实的社会成本。于是，"理性"的企业在低成本之下不断增加对水能资源的开发利用，既造成水能资源过度、混乱开发，又对当地生态和居民产生极大不良影响。因此，从社会的角度讲，企业的高额利润是一种虚假的社会净增值，实际效果可能是企业增加的水能资源开发的真实社会效用已经小于水资源的生态服务效用，水资源没有实现配置与利用的社会效用最大化。

在水资源国家所有和国有企业国家所有的公有制经济中，一些错误的观念也左右着开发企业和资源地政府，认为国有企业就代表国家，其利益就是国家利益，由此和资源有偿利用形成矛盾。根据刘伟平等（2003）的调研，中央电厂等企业用水存在未缴纳水资源费的情况②。长江上游金沙江段部分一级支流水资源开发利用权在20世纪90年代前通过行政手段确定给两家大型水电开发公司。行政手段配置水资源推动了国家水资源的产权和水权权利的弱化，这种水资源的行政产权制度安排也形成了水资源利用效率一直处于低效运行或无效状态，常常是"国家养水，福利供水，开发者无偿用水"，造成水资源的滥用和浪费。国有开发企业的利益并非等同于国家利益，它们都有着区别于国家利益、全民利益的企业自身利益，不能以国家名义侵占国家所有权下的水资源利益。

开发利用水能资源过程中会产生比较严重的负外部性，甚至引发重大社会问题。例如，很多水电站的建设工程不仅破坏了库区居民的物质财富，还毁掉了数代人创造的精神财富，水能资源开发并未给资源所在地带来发展的利益，反而造成库区群众移民并长期处于贫困状态，破坏生物多

---

① 马国忠. 水权制度与水电资源开发利益共享机制研究［M］. 成都：西南财经大学出版社，2010：23.

② 刘伟平，王国新等. 关于水资源费征收管理情况的调研［J］. 中国水利，2003（3）：28.

样性和地质稳定性，影响生态环境。而这些负外部性并没有由开发企业进行全额补偿及相应赔偿，相当一部分还得由当地政府长期买单。这种不公平、不合理的局面若处理不好就会成为社会长期不稳定因素，资源开发矛盾就会不可避免地爆发。水资源税改革有助于提高对水力发电用水征税的额度和刚性，在制度设计中，要合理设置水力发电税额或税率，并在最大限度上考虑其对当地社区居民及生态影响的补偿，对于企业因其自利行为而导致生态环境破坏及损害当地居民利益的，应承担相应赔偿责任。

（三）对其他典型涉水经营主体的影响

1. 高耗水特种行业

水资源税改革要实现城镇公共供水企业、居民正常生活用水及工农业正常生产用水负担"三不变"，同时还要对洗浴、洗车、滑雪场、高尔夫球场等非民生性的高耗水特种行业取用水从高征税。水资源税改革对这些特种行业调控作用较为显著，在征收水资源费时，这些行业大多按普通用水缴纳水资源费，甚至少交或不交水资源费。水资源费改税后，随着征管的广度和强度增加，其税负将会有大幅增加，迫使该类企业节约用水或转型升级。这体现了水资源税改革通过实施差别化税收政策调节用水行为的理念。刘福荣等（2021）在对宁夏水资源税改革实施的研究中指出，处于城乡结合部、乡镇等一些直接服务居民的大众化洗浴场所，主要针对普通居民集中洗浴，盈利能力不强，面向的用户群体为普通大众甚至是低收入人群，关系民生问题，将其不加区分的定义为特种行业从高征税显得过于严格。同时，食品饮料、室内外游泳池和室内外滑冰场等高耗水、高利润的行业未纳入特种行业征税。他建议在洗浴行业区别大众浴池与高档洗浴的规模，对高档洗浴按照特种行业征税，对普通大众洗浴则按照其他行业征税。适当扩大特种行业种类和范围，将具有高耗水特性的食品饮料业、纯净水制造业、酒业、游泳场、滑冰场等逐步纳入特种行业的范畴，以倒逼该类企业采取节水措施[①]。

2. 矿泉水、地热水企业

1998 年国家下发《关于矿泉水地热水管理职责分工问题的通知》，取消对地热水、矿泉水征收水资源费，改由矿产资源主管部门对其征收采矿权使用费和矿产资源补偿费。在水资源税改革试点过程中，对矿泉水和地热水如何缴纳税款仍有一定争议，不同省份规定不尽相同。

《河北省水资源税改革试点实施办法》也没有对此进行明确规定，因此在试点过程中出现了争议。例如，某矿泉水生产企业向青龙满族自治县地税局询问：企业在水资源税改革后，是继续按矿泉水税目缴纳矿产资源税还是缴纳水资源税？当地税务部门内部对该问题产生了分歧，主要有以下三种意见：第一种意见认为，该企业应继续按照原来《河北省矿产资源税税目税率表》中 2% 的规定标准缴纳矿产资源税。第二种意见认为，该企业应该同时按照矿产资源税和水资源税缴纳两笔税款，理由是依据《河北省水资源税税额标准表》该企业取用的矿泉水也属于水资源税的征税对象，相关文件也并没有规定其缴纳矿产资源税后可以免缴水资源税。第三种意见认为，两种税都缴纳存在重复征税问题，该企业可以缴纳两种资源税之一[②]。但这样随意选择缴税又带来了两个税收法规执行中的不严肃性。由此可见，在水资源税改革试点过程中暴露出的问题，有待进一步完善。

此外，内蒙古兴安盟财政局《关于水资源税改革试点实施情况的调研报告》中提到，经营性种植、养殖等企事业单位取用水量特别大，按目前单位税额 2.5 元/立方米。来征收税负太高，企业无法承受。应在正常生产用水负担水平不变和促进水资源节约使用、抑制地下水超采之间寻找平衡点，有效抑制农牧业生产企业和农牧民粗放型的大水漫灌，培养它们节

---

① 刘福荣等. 宁夏水资源税改革实施进展及建议［J］. 中国农村水利水电，2021（12）：113 – 114.
② 李中刚. 水资源税开征后，矿泉水企业该如何缴纳资源税？［N］. 中国税务报，2018 – 10 – 09.

约用水意识，促进转变它们的灌溉方式。武岳（2020）研究了水资源税改革的试点情况及对煤炭企业的影响，试点地区均为我国主要能源生产大省区，水资源费改税对于煤炭企业及相关技术服务企业将产生巨大影响，既有挑战也有机遇。

企业是现代经济组织的基本单位，在经济社会生活中扮演着越来越重要的角色，也是水资源税改革中重要的利益相关者。在水资源这种生态自然资源开发利用面前，企业的双重利益取向（利润取向和社会责任取向）和水资源的双重效用（物质性产品效用和生态性服务效用）便形成了对应性的矛盾。企业生产经营离不开水作为物质性产品的效用，这关乎企业的成本和利润，因而产生了在低成本条件下过度使用地下水、浪费水资源、影响水生态环境等问题；而企业的社会责任取向则要求企业节约用水尤其是地下水、保持水资源的生态效用。水资源税改革要求兼顾企业的发展利益，在保护自然资源、推动经济发展的同时，增强企业双重利益取向统一性和可持续发展能力。此外，企业的多样性也给水资源税改革带来一定难度，如何在水资源税改革中兼顾不同类型用水企业主体利益，并使其符合社会经济发展趋势，也是需要考虑的问题。

第四节　水资源税改革中的政府利益

一、政府利益：公共性与自利性的矛盾存在

利益渗透于社会的方方面面，是个永恒的话题。当从利益角度观察政府，其便展现为一个利益错综复杂的集结点，并与公共管理的各个领域相联系。通过对政府利益的研究，将有助于我们更确切地理解政府的利益和行为动机。

政府是国家用来管理社会事务的一系列权利性组织机构。理论上说，与社会其他组织不同，所有的政府行为都必须符合人民群众的利益和意

志。因此，现代政府的公共利益性是处于首要位置的，具有决定性作用，其唯一目标应是全社会公共利益最大化。公共性以政府权威正当性为基础和条件，它要求政府权力的运用在追求公共目标和普遍福利的范围内有严格的规定和限制。因为政府具有这种公共性，才能够以全体人民的代言人身份合法代表公共利益，处理个体与总体利益之间的矛盾。缺少公共性，政府就从根本上丧失存在的必要性及合法性。

毛泽东在《关于正确处理人民内部矛盾的问题》中指出："我们的人民政府是真正代表人民利益的政府，是为人民服务的政府，但是它同人民群众之间也有一定的矛盾。这种矛盾包括国家利益、集体利益同个人利益之间的矛盾，民主同集中的矛盾，领导与被领导之间的矛盾，国家机关某些工作人员的官僚作风同群众之间的矛盾。"[1] 布坎南认为：政府的利益可看作政府组织这个共同体的利益。政府及其部门和官员并不是天生的利他主义者，政府是拥有权力的组织机构，政府制定的政策必然会存在非公共利益的因素。政府面对其运作、发展及财政收支等问题影响，可能导致其行为偏离其社会公共利益目标。政府具有一定的自利性，一方面表现为个体公职人员依托政府实现其个人利益，另一方面表现为行政官僚集团或部门的自利行为。

公共性和自利性同时存在于政府组织，并互为依存。公共性以显性方式表现，自利性则以隐性方式表现。二者存在一定的共性，但这并不能作为可以忽视或抹杀两者间差异性的理由。政府是国家进行统治和社会管理的机关，其运行离不开其成员的参与，不能把人的因素单列于政府这个组织和机制之外来考虑政府利益。对政府利益的正确理解不能偏执于公共利益或自身利益单一方面，二者本身就是一体两面，并非两个可以独立存在的事物，而是对立统一存在。在分析中，我们可以从公共利益、部门利益及成员个人利益三个维度或环节来统筹考察政府利益。

我国是社会主义国家，政府是人民所有权所派生占有权之集合的公共

---

① 毛泽东. 毛泽东选集（第五卷）［M］. 北京：人民出版社，1977：364－365.

权力行使机构，政府的权力源于人民。因此，运用公共权力产生的利益必须符合人民的利益。同时，我国又是单一制的中央集权型国家，中央政府与地方政府是领导与被领导的关系。新中国成立后，在中央统一领导下，我国也不同阶段、不同程度地进行地方经济分权。这种分权带来的结果是，地方政府成为相对独立的利益主体。

伴随着经济分权，各级政府组织自身利益逐渐与公共利益同时显露出来，两种利益代表的角色也时常会发生冲突。政府利益包括公共利益、组织利益和组织成员的利益三个方面①。政府组织间关系有纵向和横向两种，政府利益结构与政府组织结构相对应，也导致了两个方向的利益矛盾：一是纵向利益矛盾，即不同层次利益主体间的利益矛盾。我国政府利益结构主要是中央与地方性、区域性利益结构，在省内各市、县也构成相应的利益结构，高层级的政府掌握着各项权利资源分配权，低层级政府为实现区域及自身利益，希望得到最大配置的权利资源。二是横向利益矛盾，即同一层次上不同利益主体间的利益矛盾，由横向政府各职能部门间的利益关系构成。同层级政府间利益争夺更加明显，政绩考核的指标主要在发展经济上，因此地方政府在相关公共政策执行环节存在动力不足的问题，具体体现为招商引资，各级政府纷纷出台优惠政策，包括水资源费在内的地方财政收入被随意减免，以及出于地方利益的保护政策等，造成资源浪费、重复投资等。

政府机构除作为公共利益代表角色之外，其组织利益代表者的角色逐渐凸显出来。组织利益属于小团体的狭隘性利益，从大的方面看表现为一个条条（即一个部门）的利益或一个块块（即一个地方）的利益，从小的方面看表现为每一个具体单位的利益②。我国政府条块分割形式的管理体制，也使作为"条条"的纵向各级政府职能部门与作为"块块"的横向地方政府之间及其各自间都常常出现矛盾。

---

①　涂晓芳. 政府利益论——从转轨时期地方政府的视角［M］. 北京：北京大学出版社，2008：293－306.

②　李国友. 政府自身特殊利益问题初探［J］. 社会主义研究，1999（5）：22.

二、中央政府的利益

（一）中央政府的利益目标和行为逻辑

我国宪法规定：我国为"工人阶级领导的、以工农联盟为基础的人民民主专政的社会主义国家"。因此，不同于西方国家利益集团的政治竞争，我国中央政府在很大程度上能独立判断社会利益的方向，并采取相应行为促进社会利益最大化。中央政府的执政合法性在于权力来源于人民，因此要通过施政及善治获得全国人民的最大政治支持。

在水资源税改革这一关乎人民重要生态资源利用的政策问题上，中央政府对水资源的利用目标或效用与广大人民群众的社会效用或利益基本上是一致的，其行为选择基于人民最大利益导向，与基于社会效益最大化的理想选择基本一致。中央政府的行为就体现在适时推动水资源税改革、确定税制基本框架等安排上，以实现水资源可持续利用这一目标，包括当代的合理利用及代际的可持续利用。

中央政府关于水资源利用的行为逻辑，主要体现在处于水资源数量、质量和生态因素约束下，依据其掌握的关于全国水资源信息及社会利用偏好信息，对水资源物质性产品和水资源生态服务两种用途的最优配置组合进行规划，以实现水资源配置与利用的社会效用最大化及对政治支持度的提升。

在水资源税改革问题上，目前仍然是水资源物质性产品利用为主，但水资源生态服务利用也越来越不容忽视，甚至有转化为矛盾主要方面的趋势和可能。当社会处于满足基本物质需求的较低发展阶段时，人们对物质性产品的边际效用评价较高、需求较大，而对生态服务的边际效用评价较小、尚未产生需求或需求较小。中央政府基于实现全社会效用最大化的目标，会做出引导社会资源更多地生产其他物质性产品，较少生产或不生产生态性服务的决策。而到了 21 世纪，随着社会需求结构的变化，社会生态服务需求日益凸显并不断增长，中央政府开始注重持续增加对生态服务建设的投入，倡导"绿水青山就是金山银山"。因此，中央政府关于水资源利用行为逻辑是动态的，需要根据不同发展阶段社会面临的不同主要矛盾结构和人们对于水资源的不同利益诉求结构做出相应的政策导向安排。

（二）中央政府行为的约束

总体而言，中央政府的目标取向与基于社会理性的社会最优目标取向是重合的、一致的。然而，这只是说中央政府对水资源税改革的价值取向，实际政策制定与落实还受到一系列现实条件制约。事实上，由于中央政府不是全能全知者，也面临知识问题和信息获取的高成本及其真实性问题，中央政府的行为取向在实际上可能与基于社会理性的理想目标存在偏差。

我国宪法规定，水资源为国家所有，因此，在利用决策上，中央政府有时也以直接产权主体的身份直接参与水资源利用。但需要指出的是，中央政府在通过水资源税来调节水资源可持续利用的决策行为主要是一种间接行为，是通过其制度、公共政策供给等手段，更多是以地方政府的落实来引导直接利用水资源的社会经济主体的行为，使直接利用主体的行为选择符合中央政府价值目标取向，中央政府并不直接参与水资源的直接配置和利用决策。

当把中央政府的上述动机置于具体的现实约束条件中，就会发现，要实现其基于社会理性的社会效用最大化预期成果是有难度的，会面临一定程度的效率损失。中央政府受到的主要有以下两个约束条件：一是信息问题；二是决策执行过程中的激励不相容问题。

首先分析信息问题。决策的制定是基于掌握的信息，只有掌握一定程度的信息才可能做出相对正确的决策。而获取信息则需要一定的人力、时间、经费等成本去收集、整理、分析作为保障。中央政府不可能花费过多资源去获取完全的信息，只能获取一定程度的信息。同时，由于处于整个行政体系的最高级，管理的幅度和范围大，加之全国水资源种类繁多、分布广泛、差别巨大，不同地区社会对水资源用途偏好等信息都非常复杂，并且差异较大，即使地方政府想获取相对全面准确的信息都存在很大难度，中央政府要想获得这些方面的准确信息其难度之大难以想象。在这种情况下，理性的中央政府获得的是水资源利用的不完全信息，可能与真实情况产生偏差、信息失真和扭曲，因而做出的关于水资源税改革的决策也很难完全准确地反映社会效用水平。在我国政治体制下，中央政府主要以单一的行政渠道获取水资源利用及水生态的信息，这种下级政府或机构逐级上报的行政信息渠道，公众参与性就非常有限。此外，地方政府还可能出于与中央政府不一致的效用目标而产生有利于自身利益的谎报情况等道德风险，这样就更加剧了中央政府的信息扭曲程度，导致在这种扭曲的信息基础上制定偏差的政策，产生水资源税政策的非效率。因此，在信息的制约下，中央政府主观上对水资源利用的社会效用最大化追求的善意愿望，在实际上也有可能出现违背初衷的结果。

其次，中央政府的决策执行过程还存在激励不相容的问题。即使中央政府基于充足的信息做出符合社会利益的生态资源利用政策，也不能保证其执行结果就能不折不扣地实现社会的最优效用。中央政府关于水资源有效管理利用的政策，是通过与地方政府的委托代理关系得以实施的。地方政府有自己的利益，与中央政府的目标不完全一致，这样它们就会根据自身利益最大化来引导或强制水资源管理和利用。即使中央政府制定了反映水资源利用和管理社会效用最大化的政策，在现实中也可能得不到有效执行，导致非效率的结果。

解决并走出上述困境的关键，在于改革公共决策的规则、程序。基于共容利益使利益相关者广泛参与，以获得有关水资源利用及管理的真实信息，为作出科学合理、符合实际的水资源管理及税改政策和制度奠定基础。

三、民族地区地方政府的利益

（一）民族地区地方政府的利益目标和行为逻辑

如前所述，我国地方政府已成为一个相对独立的利益主体，拥有实在的政治经济资源，也具有独立的利益偏好。民族地区地方政府作为地方一级政府，具有地方政府的地方事务领导者和中央政府政令执行者的双重身份。基于各自的不同主体性，中央政府会更优先考虑全国性、社会性的全局整体利益，而作为地方事务领导者和管理者的地方政府则在实际工作中可能把地方利益放在首位。

由于我国地域辽阔，各地自然资源状况千差万别，中央政府很难全面准确获得有关信息，于是就委托各级地方政府（主要是省级政府）管理与控制当地的自然资源。2002 年版《中华人民共和国水法》规定："县级以上地方人民政府有关部门按照职责分工，负责本行政区域内的水资源开发、利用、节约和保护工作""地方各级人民政府应当结合本地区的实际情况，按照地表水与地下水统一调度，开源与节流相结合、节流优先和污水处理再利用的原则，合理组织开发、综合利用水资源"。根据这些规定，地方政府就拥有了水资源等自然资源的事实控制权，可以较自由地决定这些资源的使用、交易和收益等行为。地方政府拥有水资源等生态资源广泛的控制权和决策权，当外部激励结构改变时，就会根据经济增长和财政收入最大化的效用目标来直接配置资源用途，从而决定资源配置状态及其社会福利、效用水平。

基于以上论述，本章对民族地区地方政府的行为假设如下：民族地区地方政府是一个利益主体，它追求的主要目标是民族地方发展、财政收入最大化和官员自身的政治晋升。民族地区地方发展是一个基本目标，要求民族地区地方政府保障少数民族的发展和地区繁荣。财政收入最大化和官员的政治晋升中，政治晋升主要基于经济的增长速度，经济的增长又增加财政收入，财政收入增加才有更多资金投入基础设施领域等对经济增长贡献大的部门。因此，民族地区地方政府效用的主要来源是经济增长。

与中央政府不同的是，民族地区地方政府追求的可能不是全社会利益的最大化，而主要是经济增长最大化的政绩目标，同时兼顾少数民族本身的均衡发展。据此我们可以推论，作为一个理性的利益主体，民族地区地方政府的所有行为都应该能从这个基本假设推导出来，也就是说，现实中民族地区地方政府所表现的各式各样的行为（包括水资源利用及税费调节等管理行为）都服从和服务于其财政收入和经济增长且兼顾少数民族均衡发展的最大化目标，有些看似矛盾的行为是民族地区地方政府面对不同的外部条件、追求财政收入和经济增长最大化而做出的适应性调整，是在这个根本目标制约下理性选择的内生结果。某些地方政府领导通过行政命令等手段干预企业或项目的水资源费征收管理，对查处违章取水、拒缴水资源费、审核取水计划等水资源管理执法造成困难，甚至为了部门利益、短期利益和个人利益，以发展经济、招商引资等名义违规制定政策，随意减免水资源费或把免征水资源费作为招商引资的优惠政策。

民族地区地方政府关于水资源利用及税费调节管理等行为的选择，服从、服务于其追求经济增长最大化的政绩目标，兼顾少数民族均衡发展。现实中水资源开发利用及管理中存在的问题，很大程度上是民族地区地方政府面对一定约束条件和激励结构，追求财政收入和经济增长最大化而内生选择的结果。因此，应该从约束、决定其选择的外部条件入手，改变其面临的相对成本收益结构，使其在新的约束条件下基于自身利益最大化的选择结果符合社会目标。而要做到这一点，关键是约束条件能使地方政府的利益与社会公共利益共容。

（二）民族地区地方政府行为的负外部性

负外部性也称为外部不经济，用来表示微观主体的某种活动对社会其他成员造成有害影响却不为此支付费用的经济行为。一般来说，民族地区经济相对落后，其水资源的生态服务价值难以通过市场条件有效实现，而中央和地方政府对该生态服务的补偿又相对有限，导致水资源的生态性服务用途不能对地方政府财政收入和经济增长做出足够贡献。在当前不均衡趋利经济运行机制下，地方政府就会做出以物质性产品利用为主的水资源配置结构，以增加财政收入和促进经济增长。

地方政府为招商引资，提高当地的地区生产总值，在对自然资源开发利益分配的政策中，比较注重企业利益，而容易忽视当地社区的利益共享问题。而企业开发资源过程中所形成的环境、生态和社会问题，最后仍要政府解决，增加了政府财政风险。例如，甘肃省甘南藏族自治州舟曲县所在的白龙江，长约600千米的水道上修建了1 000多座水电站，通过水能资源开发为县财政带来每年约2 000万元财政收入，但引发河流断流甚至2010年八级特大泥石流等严重灾害，中央和省级对该重大灾害的财政投入重建资金就高达50.2亿元。[①]

四、相关政府职能部门的利益

作为一级政府和利益主体，地方政府的决策依据和行为逻辑应当是在中央领导下从整个地方及其成员利益出发。但实际中结果并非完全如此。原因在于地方政府内部还存在不同的利益主体，包括政府人员的个人利益和相关行政部门的组织利益，都对地方政府利益实现有各种形式的制约和影响。政府是一种特殊的权利性社会组织，并且作为"造福一方"的地方领导者，在其追求地方利益最大化的过程中，也会导致追求其自身良性发展的组织利益。政府工作人员既是经济政策的制定者也是具体执行者，他们既有维护地方全局利益的义务，同时又有自身利益取向，如增加收入、职务升迁、个人能力提升和理想实现等。

政府职能部门作为一个利益共同体，是其组织成员共同利益的代表，现实中为了部门利益而与国家或地方政府及其他相关职能部门争利或行为

---

① 《聚焦水流困局之三：跑马圈水的背后》，中央电视台《经济半小时》，2011年3月5日。

上推责的情况并不少见。对于水资源税改革，最直接关系到水行政主管部门和税务主管部门的利益。在调研过程中，有的地方税务部门表示，水资源费改税是应该推行的好事，有利于水资源可持续发展和地方财政增收，但相对于水资源税操作难度更大的环保税正在备战中，当前实在没有精力，因此不敢主动申请水资源税改革试点。水资源税改革也是一个操作较为复杂的系统性工作，以其中的农业用水水资源税计征为例，民族地区农业灌溉方式情况复杂多样，没有现成模式参照，也难有统一标准精确计征。一般来说，按取用水源可分为井灌区、渠灌区、井渠双灌区（其中井灌区又有深层水、浅层水）；按水资源丰度（以井的出水量和亩均水权衡量）可分为贫水区、相对富水区；按灌溉方式可分为高压灌溉区、低压灌溉区；按管理方式可分为专业管理（如有灌区管理单位）、用水合作组织管理、承包式管理、村级集体组织管理、个体管理等。机井和灌区末级（斗口）计量设施还普遍存在不健全问题，难以直接按量计征。灌区末级（斗口）计量手段和精度则参差不齐。此外，各地水资源禀赋不同、水权额度差别大、管理体制、工程状况、渠系水有效利用情况也相差较大，具体执行部门面临的困难非常多。

随着社会经济高速发展及快速转型，各种社会矛盾、利益冲突乃至群体性事件大量出现，相当数量政府公务人员长期面对日益复杂的社会管理问题，身心长期处于亚健康状态。根据黄阳照（2017）对云南大理白族自治州祥云县公务员进行的调查显示，当地公务员工作压力平均值为320.75，高于压力偏大标准值300，说明公务员所承受的工作压力比较大。对于税务部门来说，近年来一直在落实和深化增值税改革工作，同时面临环保税自2018年1月开征的繁重工作压力，此外，2018年还有国地税合并等重要工作，各项工作任务都很急迫且繁重，水资源税改革自然对税务部门形成了较大的工作压力和心理负担。

政府自身利益是政府行为异化的结果，是不应该存在的，其存在与政府公共属性相矛盾。在我国，政府自身利益的存在有其深刻历史、社会和制度成因。要在承认政府具有自利性的基础上，对政府利益进行限制和引导，通过制度、法规等使政府在追求社会公共利益最大化的同时也有效保障其利益的共容，促进政府及其工作人员的个人利益与社会利益相一致，实现激励相容。

第五节　民族地区水资源税改革利益相关者结构分析

一、相关性结构分析：直接、当代与间接、代际利益相关者

布莱尔等（Blairetal et al.，1996）认为应该重点关注对利益相关者进行正确的分类，并对利益相关者采取适当的管理措施，使威胁最小化且机遇最大化。如果高管们正确地对利益相关者进行分类，并运用与之相匹配的适当策略，绩效就会提高。若分类不当，或策略与利益相关者类型不匹配，绩效就会受到影响①。格林布尔和韦拉德（Grimble & Wellard，1997）提到了主要与次要利益相关者的区别、主动与被动利益相关者的区别，以及他们的重要性和施加影响的能力方面的区别②。因此，科学的利益相关者分类是深化利益相关者及其关系认识的重要环节。

基于前述内容，本节按照利益的相关性将民族地区水资源税改革中的利益相关者划分为三个大类，如图 2 - 1 所示。

---

① Blair, J. , Fottler, M. and Whitehead, C. Diagnosing the stakeholder bottom line for medical group practices: Key stakeholders' potential to threaten and/or cooperate. Medical Group Managment Journal, 1996, 43（2）: 40.

② Grimble, R. and Wellard, K. Stakeholder methodologies in natural resource management: A review of principles, contexts, experiences and opportunities. Agricultural Systems, 1997, 55（2）: 173 - 193.

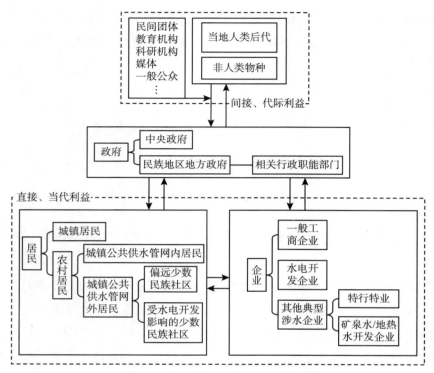

图 2-1　民族地区水资源税改革利益相关者关系

第一大类：直接、当代利益相关者。主要包括居民和企业。这两个利益主体在水资源税改革中所受到的影响是最直接的，水资源税的税制要素设计及征收管理将对其造成直接影响。尽管改革初期本着"税费平移"原则，但未来税率调整及税收刚性等因素还是会直接影响到当代居民和企业的利益。

第二大类：间接、代际利益相关者。主要包括当地人类后代（及作为其生存条件存在的非人类物种）和间接利益群体。

第三大类：利益协调者、主导者和统一者，即政府，包括中央政府、民族地区地方政府和相关行政职能部门。

二、优先性结构分析：确定型、预期型与潜在型利益相关者

现在，我们已经对民族地区水资源税改革的利益相关者进行了初步的分类——这是基于主体社会身份的分类，能够清晰地表现出利益相关方之间的利益关系，但对于利益相关各方的轻重、主次难以给予有效展示。

米切尔（Mitchell，1997）针对利益相关者设计了三个重要属性进行分级评价，综合三项分值对利益相关者的类型进行确定。这三个属性[①]分别如下：①合法性（legitimacy），即某一群体拥有在法律、道义或者其他特定方面对于企业索取权的程度；②权力性（power），即某一群体拥有的能够影响企业决策的地位、能力和相应手段的程度；③紧急性（urgency），即某一群体的利益诉求能及时引起企业关注的程度。

依据各个相关利益群体的实际情况对其进行三个属性评分之后，即可将利益相关者分为以下三类：①确定型利益相关者（definitive stakeholders），他们的利益与企业联系紧密，同时拥有对企业相关问题的合法性、权力性和紧急性三项属性；②预期型利益相关者（expectant stakeholders），他们与企业保持较密切的联系，拥有上述三项属性中的两项；③潜在的利益相关者（latent stakeholders），他们与企业联系较弱，是只拥有合法性、权力性、紧急性三个属性中一项的群体[②]。

基于此，本节对三个属性进行重新规定，以确定民族地区水资源税改革中利益相关者的分类属性为：①合法性，即某一群体是否被赋有法律和道义上的或者特定对该地区水资源税改革的参与权及其程度；②权力性，即某一群体拥有对该地区水资源税改革决策的地位、能力和相应手段的程

---

① 江若玫，靳云汇在《企业利益相关者理论与应用研究》（北京大学出版社2009年版，第54页）中指出："合法性、紧迫性的对象是权益主张，而非人。当我们谈到利益相关者的合法性与紧迫性的时候，所想表达的是利益相关者主张的合法性与紧迫性。所谓利益相关者属性更准确地表达应该是利益相关者权益主张的属性：包括主张者的权威性、权益主张本身的合法性和紧迫性。"

② 贾生华，陈宏辉. 利益相关者的界定方法述评 [J]. 外国经济与管理，2002（5）：16.

度；③紧迫性，即某一群体的受水资源税改革影响而进行权益主张的紧迫程度。

依据此，本节对民族地区水资源税改革中的利益相关者进行了评价与分类，如表2-2所示。可以发现，被列入确定型利益相关者（两个及以上属性为高）的是企业、政府和城镇居民；而一般农民社区、偏远少数民族社区、当地人类后代、一般公众、媒体被列入预期型利益相关者（1个属性为高）；民间团体、教育机构、科研机构等间接利益群体则被列入潜在型利益相关者（0个属性为高）。这种分类方法对于本章研究目的来说，可以进一步深化对不同利益主体的认识，具有参考价值。

表2-2　　　　　　　民族地区水资源税改革中的利益相关者分类

利益相关者	合法性	权力性	紧迫性
确定型利益相关者			
一般工商企业	高	高	高
水电开发企业	高	高	高
其他典型涉水企业	高	高	高
中央政府	高	高	高
民族地区地方政府	高	高	高
相关行政职能部门	高	高	高
城镇居民	高	高	中
预期型利益相关者			
一般农民社区	高	中	低→递增
一般公众	高	中	中
偏远少数民族社区	高	中	低
当地人类后代	高	中	低→递增
媒体	高	中	低→递增

利益相关者	合法性	权力性	紧迫性
潜在型利益相关者			
民间团体	低→递增	中→递增	低→递增
教育机构	低→递增	中	低→递增
科研机构	低→递增	中	低→递增

分类结果显示，企业和政府是受到水资源税改革影响最确定、最直接的利益相关者，我们应该充分考虑、评估企业在水资源费改税前后及将来的利益影响，给企业创造公平、合理的经营条件和环境，进而为社会发展、人民生活创造物质基础。居民及其他间接利益相关群体在水资源税改革中受到的直接经济利益影响并不大，但受到的环境利益影响直接而深远。同时，居民及其他间接利益相关群体在组织和表达机制（也就是权力性）上相对较弱，需要政府作为主导来均衡其水资源税改革的参与能力，才能达成水资源税改革的生态目的和经济目的的最优化。

虽然受到影响程度不同，但政府、企业及居民都是民族地区水资源税改革中的核心利益相关者。三者间利益差异和矛盾，是民族地区水资源税改革中利益关系的主要内容；三者的利益矛盾关系，是主导民族地区水资源税改革进展的关键因素。通过利益相关者结构分析，我们可以进一步揭示不同利益主体间的利益关系，加深对民族地区水资源税改革中利益相关者利益矛盾的认识。

第三章

民族地区水资源税改革的利益矛盾

第一节　利益矛盾：相关主体间利益的对立统一关系

一、利益关系和利益差别

　　人类的生存发展要得到满足，需参与到社会活动中，在参与时彼此间必然发生一定的社会关系。经济利益，关乎人的生存活动和社会关系。马克思在《德意志意识形态》中对"利益"概念的分析体现了利益相关者思维。马克思认为，利益关系是"普遍的东西"，是"彼此分工的个人之间的相互依存关系"①。人与人之间的社会关系，本质上是利益关系。而反过来，人的社会关系的本质表现也是利益关系。所以，为了认识社会关系，需要从分析利益关系开始，考察利益关系则要先看利益的差别关系。利益差别区分不同利益主体，不同利益主体组成不同的利益关系。

---

① 马克思恩格斯全集（第3卷）［M］. 北京：人民出版社，1956（1）：35.

差别，本质上与关系相同，没有差别就无从谈起关系。同一、差别、矛盾是黑格尔《逻辑学》"本质论"中的三个重要概念。黑格尔认为同一分为抽象的同一和具体的同一。抽象的形式的同一是脱离差异的同一，无内容的同一，是在许多规定中抽出一点相同，抹杀了多样性、特殊性、差别性的同一；具体的同一即包含差别和对立于自身内、在矛盾发展中保持自身的同一。具体的同一是异中之同，对立中之同，包含多样性，特殊性，差别性于自身内的同一①。"同一是一个有差异的东西……真理只有在同一与差异的统一中，才是完全的"②。

从抽象层面来看，差异是指存在于一切事物间或事物内部的差别，是哲学较为抽象层次的范畴之一。差异的存在是普遍的③。对差异的研究也具有重要实践意义，即便是同类，也有不可忽略的差异。同是人类，并非所有人都珍惜自然资源和生态环境，同是劳动者也有富裕的先后和多寡。政府制定政策要尊重人及地区间的差异，水资源税改革要承认不同地区的差异，不同水源类型的差异及不同纳税人的差异等。

在具体层面，利益差别一般有以下三种表现：一是人自身需要的差别，包括生理需要、安全需要及其他社会需要等；二是人们劳动社会分工的差别，这是导致现实利益差别的重要因素；三是人们对生产资料等物质财富占有量的差别，这是造成利益差别的决定性因素。一切社会都存在利益差别，当前我国还处于社会主义初级公有制阶段，社会上还存在不同所有制关系、不同分配方式等多种因素引起的利益差别和利益矛盾，如若处理不到位，还可能演化为暂时的对立和冲突。由于利益主体的利益存在差别，不同主体的利益表现为不同的社会内容、形式、强度及实现途径④。以农业灌溉为例，以往政府对于节水设施建设、技术研究及宣传的投入与节水效果产出往往不相匹配，究其原因，在于节水灌溉主体的利益诉求与

---

① 贺麟. 黑格尔的同一、差别和矛盾诸逻辑范畴的辩证发展 [J]. 哲学研究，1979（12）：40.
② ［德］黑格尔. 逻辑学（下卷）［M］. 杨一之译. 北京：商务印书馆，1961：33.
③ 易小明，刘庆海. 差异论 [J]. 吉首大学学报（社会科学版），1993（2）：33.
④ 王伟光. 利益论 [M]. 北京：中国社会科学出版社，2010：155－159.

社会中利益相关者的利益诉求有较大差异。利益诉求不同导致利益各方积极性的差别，不同利益相关者之间的博弈最终影响了节水灌溉工作的成效①。

利益关系、利益矛盾和利益冲突都源于利益差别，具有差别的利益主体构成利益关系的前提和基础。没有利益差别也就没有利益矛盾和利益冲突，越悬殊的利益差别孕育着越大的利益矛盾与利益冲突。差别生成矛盾，矛盾生成冲突，因此利益差别是认识利益矛盾和利益冲突的钥匙。

二、利益矛盾和利益冲突

矛盾，甚至冲突，是人类历史上普遍呈现的社会现象，根源在于利益及其差别。利益矛盾是重要的社会现象，也是分析社会问题最关键的着眼点。矛盾具有普遍性，毛泽东指出"一切事物中包含的矛盾方面的相互依赖和相互斗争，决定一切事物的生命，推动一切事物的发展"②。

利益主体是利益的载体，同时也是利益的追求者和实现者，利益主体之间由于利益差别程度不同而形成不同利益矛盾关系。利益矛盾是相关利益主体间差别的对立统一关系。一般来说，考察利益主体间矛盾关系可以有横向和纵向两个维度。从纵向来看，个人、群体、社会（或国家）三者构成一般的矛盾关系。其中，个人利益是出发点和归宿，是其他二者的有机组成部分及根据。个人追求自身利益的社会活动，总是从自身利益出发，但又都是群体和社会整体谋求利益活动的一部分或环节，其实现受到群体利益和社会利益制约。群体、社会（或国家）作为局部或整体利益的代表，会制约个体利益。个人、群体、社会（或国家）的利益关系既矛盾、又是统一的。从横向来看，个人之间、群体之间、国家之间存在横向利益矛盾。在国家中，横向矛盾主要表现为群体矛盾、集体矛盾、集团矛

① 冯保清. 我国节水灌溉利益相关者关系分析［J］. 中国水利，2013（21）：32－34.
② 毛泽东. 矛盾论. 毛泽东选集（第1卷）［M］. 北京：人民出版社，1991：301.

盾、阶层矛盾、阶级矛盾等。

利益矛盾是利益主体间差别的对立统一关系。利益的拓展会激化利益矛盾，激起利益冲突。利益冲突是利益矛盾激化的外部表现形式，也是基于利益差别和利益矛盾而产生的利益纠纷和利益争夺。利益冲突分为对抗性利益冲突和非对抗性利益冲突。对抗性利益冲突源自冲突双方根本利益的不相容和对立，最终导致利益关系新的调整和利益主体新的联合；非对抗性利益冲突是在根本利益一致或相近的前提下，表现为各个利益主体的利益因现实条件和时间制约不能同时实现，或利益主体间均衡状态因主观问题等因素被打破而造成的。

水资源税改革是一次围绕水资源保护、利用展开的利益重新调整，必然涉及利益主体的差别、矛盾甚至冲突。然而水资源具有对全人类生存和生态利益的一般性意义，这种矛盾也具有相当程度的利益相容性。

第二节　权力与责任：民族地区水资源税改革政府内部利益矛盾分析

一、央地政府间水资源税改革利益矛盾分析

如前所述，各级政府在实现社会公共利益之外，也存在自身利益。在水资源税改革中，中央政府与民族地区地方政府存在着利益差别，产生行为差异，主要表现在水资源税改革推进力度、效度和税收分配等方面，如表 3 – 1 所示。

表 3 – 1   民族地区水资源税改革中央政府与地方政府间利益及博弈条件

利益相关者	利益及博弈条件
中央政府	（1）基于全局利益制定可持续发展的水资源税改革进程和办法。 （2）拥有水资源所有权及水资源税分配权。 （3）对地方政府较为集中的行政领导权及问责权。 （4）为提高地方政府积极性而有所放权。 （5）对与地方政府间的信息不对称难题较为无力
民族地区 地方政府	（1）追求地方经济增长、财政收入和政绩。 （2）拥有地方水资源的直接支配权和地方税改政策制定权。 （3）对中央政府调控政策"灵活变通"。 （4）对民族地区的信息优势。 （5）不满足水能资源开发对地方经济建设发展共享较少。 （6）部分官员与企业存在"利益共谋"，侵犯其他利益相关者权益

　　我国水资源属于国家所有，中央政府既是水资源所有权的执行代表，又承担对全国行政工作统一领导。地方政府代表中央政府承担资源开发、管理责任。中央政府的执政合法性在于权力来源于人民，因此要通过施政和善治来获得全国人民的最大政治支持，重视民众偏好和利益诉求，做出符合人民利益的行动。在水资源税改革中，中央政府利益在于，通过水资源费改税及制度统筹设计，促进全国水资源可持续发展。中央政府与当地政府是上下级关系，水资源税改革的具体实施由地方政府完成。中央政府负责水资源税改革宏观调控，规划改革进度和制度的一般性内容，督促地方政府水资源税改革推进、落实和反馈，评估地方水资源税改革效果，进一步完善相关政策。中央政府虽然对全国实行统一领导，但不是说中央政府是全知全能者。中国地域差异巨大，民族地区特殊性强，中央政府面临信息获取成本高及准确性低的难题，难以制订出契合民族地区水资源实际情况的税改方案。面临具体约束条件，中央政府的良好动机难以直接实现预期成果，需要地方政府有效配合。

　　地方政府拥有地方土地、财政收入、行政审批权、公共行政权等政治经济资源和权力，是相对独立的利益主体，有较强的自主性和能动性。民族地区地方政府的利益目标与中央政府不完全相同，在服从中央政府调控政策同时，主要目标是民族地区经济社会发展、财政收入的最大化，并且兼顾保障少数民族的发展和繁荣。在水资源开发利用及税费改革过程中，因财政收入和经济增长等目标的制约，可能会导致民族地区地方政府产生一些偏离中央政府调控目标的行为。

二、政府职能部门间水资源税改革利益矛盾分析

政府职能部门是一级政府的组成单位，也具有相对独立的利益。金国坤（2002）认为，部门利益是计划经济体制的延续，个人利益觉醒的产物。政府职能部门作为政府组织，有追求公共利益的目标，也有部门自身利益及成员利益诉求，导致与地方政府、其他职能部门、国家和社会推责或争利的情况。对于水资源税改革，最直接关系到水行政主管部门和税务部门的利益，二者的利益博弈情况如表3-2所示。

表3-2　　民族地区水资源税改革中政府职能部门间利益及博弈条件

利益相关者	利益及博弈条件
税务部门	（1）基于全局考虑的资源税扩围要求，增加地方税收。 （2）水资源税征收的法律刚性及征收效果。 （3）系统规范的税务征管体系和网络。 （4）对水资源情况、水资源开发利用情况信息不对称。 （5）工作增加导致压力增大
水行政主管部门	（1）多年水资源费的征收管理及改革经验。 （2）对水资源及开发利用情况信息掌握充足。 （3）有配合税务部门联合征收水资源税的义务。 （4）失去对用水户收费权这一重要管理权限，水政管理力度减弱。 （5）失去水资源费收入导致部分工作经费短缺。 （6）部门利益及某些个人利益受损，不完全服从地方政府协调安排

第一，对于税务部门而言，首先，有维护国家税权的义务。税权是国家权力的重要组成部分，是国家取得收入的主要手段和依靠。许善达（2003）曾指出，当前我国存在税收与国家收费界限不清、税费关系不顺、

费膨胀和费挤税的不利局面，必须把具有税收性质的各种国家收入都视同税收，以规范的税权代替不规范的费权①。因此，税务部门具有一定基于税权考虑的资源税扩围的觉悟和增加地方税收的意识。

其次，税收具有较强法律刚性，征管体系更加专业、系统，有助于提高水资源税征收率。我国税权在统一税权、依法治税的规范化建设中日益成熟，费权规范化建设相对滞后。地方政府与行政职能部门普遍存在较强的规避税权的冲动，导致费膨胀和费挤税问题，实质是收费主体行政权力的膨胀与不受约束②。"税"相比"费"具有强制性、无偿性、专业性、普遍性的特征。

水资源税改革前，尽管水资源费标准偏低，但实际征收率并不高。费的执法刚性远不如税，在征收过程中，存在地方政府为招商引资、发展经济随意减免的情况。加之地方人情关系等因素，水资源费征收工作并不理想，没有做到应收尽收。据有关统计，大多数省份的水资源费实际征收率在70%以下。例如，湖南水资源费实际征收率在省级约为70%，市县级约为45%；辽宁水资源费实际征收率约为35%。③

费改税后，水资源税在征收力度、额度以及规范性上有较大提高。以内蒙古呼伦贝尔为例，从2017年12月1日试点征收水资源税，到2018年5月底，6个月共征得水资源税5 000余万元，预计全年征收可征收1亿元以上。表3-3所示为费改税前（2013～2017年）水资源费的征收数据，费改税后仅6个月的税收额就基本达到水资源费的全年征收额度。由此可见，税收的执行刚性、筹集财政收入的效果非常明显。随着税务部门与水行政主管部门配合默契度提高以及税收刚性作用持续发挥，将会有更多用水户纳入水资源税征收范围，水资源税的财政筹集能力将进一步显现。

---

① 许善达. 中国税权研究［M］. 北京：中国税务出版社，2003：3-14.
② 许善达. 中国税权研究［M］. 北京：中国税务出版社，2003：4-5.
③ 水资源税（费）政策研究课题组. 中国水资源费政策的现状问题分析与对策建议［J］. 财政研究，2010（1）：37-44.

表 3 - 3　　　　　　　　呼伦贝尔水资源费征收情况　　　　单位：万元

年份	呼伦贝尔	内蒙古
2013	2 515.881	4 229.58
2014	2 497.0358	4 968.35
2015	2 590.5093	5 699.16
2016	2 026.0088	5 709.63
2017（1～11 月）	3 002.8434	6 070.18

资料来源：呼伦贝尔市税务局。

　　内蒙古呼伦贝尔鄂温克旗于 2017 年下半年开展水资源税改革试点实施工作，2018 年 1～2 季度共计收缴水资源税 2 915 万元，与去年同期相比增长 1 934 万元，增幅达 197%，其主要原因为水资源税税率较费率有所提高，同时区、市两级水资源费征收企业纳入县级水资源税征收管理，较改革前增幅明显。征收水资源税对于调节用水需求，抑制地下水开采，促进科学用水发挥了积极作用。从水源结构来看，地下水、地表水平均税额分别为每立方米 2 元和 0.5 元，地下水平均税额是地表水的 4 倍，这有利于引导企业调整用水结构，提升节水技术。目前，部分企业表示有意向调整用水结构，减少地下水使用，绿色税改红利初步显现，行业节水意识逐步增强[①]。

　　再次，在水资源费改税过程中，税务部门对水资源状况及原收费状况不熟悉，需要水行政主管部门在移交相关资料及制订税改方案等方面积极配合。水资源税改革后，税务部门只负责水资源税征收，水资源税额核定工作需要水行政主管部门配合进行。费改税后，原有纳税人覆盖不全等问题需要解决。我国民族地区地域广大，税务部门面临较大的税收征收扩面任务和压力。以呼伦贝尔市为例，自来水管网覆盖率相较我国其他地区低很多，管网之外存在着较多自行取水企业。这些企业在水资源费征收时期

---

　　①　内蒙古自治区呼伦贝尔市鄂温克旗财政局官网：《鄂温克旗关于水资源税改革试点实施情况的调研》，2018 年 9 月 7 日。

没有纳入征收范围，地方税务部门要做到应收尽收，面临较大压力。

最后，水资源费改税后，税务部门工作量和工作难度增加，在现阶段还面临增值税深化改革、环保税开征、国地税合并等紧迫工作，税务部门人员难免对工作压力增加有一定情绪。例如，在征收水资源费时期，存在部分无证取水企业，根据规定，征收水资源费和水资源税前置条件都需要办理取水许可证。依据《内蒙古自治区水资源税征收管理办法》，取用水户应在 2018 年 6 月 30 日前取得取水许可证，否则水资源税实施后发生的取用水视为超计划取用水，按原税额标准加 3 倍征收。从呼伦贝尔市调研情况来看，原有无证取水企业特别是小企业在办理取水许可证上存在较大困难，主要原因是办理取水许可证的费用畸高，其中仅第三方收取的环境评估报告费用高达 20 余万元，很多小企业限于费用问题难以取得取水许可证。税务部门若严格按照办法执行，易造成税企矛盾，若不严格执行又有损税法刚性，使地方税务部门处于两难境地。

第二，对水行政主管部门来说，首先，多年来积累了丰富地方水资源信息、管理经验和水资源费征收管理经验，在水资源税征管过程中居不可或缺的位置，有配合税务部门共同制订税改方案、信息共享、联合征收水资源税的义务。

其次，水行政主管部门失去对用水户收费权这一重要管理权限和抓手，水政管理力度有所减弱。原先水资源费在各财政层级的分成比例按照中央财政占 10%，地方财政对其余 90% 进行分配。水资源费的绝大部分纳入财政预算并由财政部门统筹使用，部分用于水资源节约、保护、管理及开发等工作。

水行政主管部门履行正常工作职责所需经费，原先主要来自水资源费。从云南省水利厅 2015 年水资源费支出情况看，涉及水质监测、通用、监控能力建设、水生态系统保护与修护、水资源费征收补助、规划和报告编制等几类。在水资源税改革实施后，《关于全面推进资源税改革的通知》规定，这部分经费由中央和地方财政统筹安排和保障。民族地区地域宽广，用水户分布松散，远程监控计量设施配置不足，取用水监管工作繁重，征管成本高。围场是河北面积最大的县，总面积达 9 219 平方千米。围场水资源管理办公室是水务局下属经费自收自支的股级事业单位。为配合水资源税改革试点工作深入推进，需要明确基层水资源管理办公室机构性质，按《关于全面推进资源税改革的通知》规定由财政安排部门经费，配备适量工作人员，加强对政策和信息技术培训，提高业务水平，调动水资源管理人员的积极性和主动性。

最后，失去水资源费收入导致水行政主管部门部分工作经费短缺，一些非在编抄表人员被解雇，难以满足税收征管工作需要。水资源税需要税务部门与水行政主管部门协作征收，在取水户申报的基础上，水行政主管部门工作人员抄表核量后，将数据提供给税务部门作为水资源税征收的依据。原来由水行政主管部门征收水资源费时，部分费款返还用于雇佣部分非在编人员从事抄表工作。随着费改税的实施，水行政主管部门失去水资源费返还，从而解雇部分抄表人员，使水资源税征收在最基础的抄表核量环节遇到困难，造成水资源税征收工作一定程度滞后。从实际执行情况来看，水行政主管部门在失去原有水资源费返还及核量人员缩减等情况下，配合税务部门加强征管的工作积极性有所弱化，税务部门做好扩面、应收尽收的工作受到制约。

第三节　经济与生态：民族地区水资源税改革社会间利益矛盾分析

一、政府和企业间水资源税改革利益矛盾分析

改革开放后，尤其是分税制改革后，伴随着地方政府成为相对独立利益主体，地方政府财政利益日益凸显。

企业纳税是地方政府财政收入的主要来源，对地方经济增长有举足轻

重的作用。伴随经济转型，地方政府与企业的利益关系开始凸显并出现以下新特点：其一，趋利化使地方政府利益及主体性日益清晰，地方政府与企业有了更多共同利益。一方面，地方政府和企业为促进地方经济及自身发展，共同向中央政府争取有利政策和项目；另一方面，地方政府为企业提供宽松环境和优惠政策，促进企业发展，甚至实行地方保护主义。其二，地方政府与企业的关系更多受到利益驱动。例如，为追求财政和经济增长，地方政府更倾向扶持民营企业、外资企业等非公有制经济企业，进一步推动市场主体多元化的格局。

企业中，"企"表示目的，"业"为事业，企业是有目的的事业。企业是自利与利他的矛盾体，自利一直居于主要矛盾方面，只是程度不同而已。一个地区经济发展程度与活力可以通过政府与企业的互动关系体现出来。民族地区经济发展水平相对较弱，地方政府在管理和服务两方面，更倾向于前者。在水资源税改革中，政府和企业也存在利益矛盾和博弈。

作为中央政府政策执行者，地方政府有责任保证中央政府水资源税改革落实；作为地区社会资源的分配者与管理者，为增加社会整体利益，地方政府会对企业施以压力和政策引导。双方具体博弈方式如表3-4所示。

表3-4　　民族地区水资源税改革中地方政府与企业间利益及博弈条件

利益相关者	利益及博弈条件
民族地区地方政府	（1）制定水资源税具体征管办法。 （2）制定科学合理税负标准促进企业节约用水、健康经营。 （3）税收刚性及对企业缴税情况进行管理、核查、奖惩等。 （4）协调企业与其他利益相关者的矛盾。 （5）某些公务人员向企业寻租
企业	（1）有依法向政府缴纳水资源税的义务。 （2）改进用水方式节约用水、降低成本。 （3）企业间的差异导致的税负不公平感。 （4）在利益驱使或生存压力下有钻法律、政策和监管空子的冲动。 （5）对官员实施寻租行为

对于民族地区地方政府而言，一方面要落实中央政府水资源税改革总

体部署，统筹全局科学制定适合本地区的具体征管办法，以税收刚性对企业缴税情况进行管理、核查和奖惩，促进企业节约用水，实现水资源保护目标；另一方面要稳健改革，对企业进行合理区分，根据地方经济发展水平和水资源禀赋条件适度征税，适度维护地方企业利益，避免经营成本过度增加导致企业经营困难，抑制地方经济发展活力和动力。此外，还要作为水资源税改革主导者，协调企业与其他利益相关者的矛盾，促进利益共容性的可能与提升。在此过程中，不可避免出现部门利益及个别工作人员对企业惯性的"吃拿卡要"行为。

对于企业而言，从法理上，有依法向政府缴纳水资源税的义务；从道德上，有节约用水的责任和义务；从经济上，有根据水资源税具体征收标准改变取用水方式、科学节水、降低经营成本的行为取向。当然，还可能在利益驱使下产生钻法律、政策和监管空子，甚至有违法取用水、对官员实施寻租行为的冲动。例如，财政部驻湖北专员办查出，2011年某水务局少核定当地一发电公司发电量81亿千瓦·时，导致水资源费少征收2 429万元；少核定另一水电站发电量3.23亿千瓦·时，少征收水资源费96.75万元[①]。

水资源税改革本着"费税平移"原则进行制度设计，从执行效果看，税收刚性效果发挥显著，提升了征收率和财政收入。水资源税开征提高了企业的用水成本，促使企业开始合理、节约使用水资源，调整取用水结构和方式，从抽取地下水改为使用公共供水管网的水和地表水。水资源税改革承诺，对未超过计划取水量、取水结构合理情况下的企业，正常用水负担水平维持不变，实际上因各地情况不同而效果各异。例如，河北省产业结构较为落后，高耗水企业过多，部分工业企业特别是县镇工业企业节水设施和节水技术不到位，水资源税对企业成本增加的影响较大，短期内"阵痛"不可避免。又如，围场县严格执行河北省规定的取用水行业分类，

---

① 徐东明，李萌. 水资源费征缴调研情况研究——以湖北省为例［J］. 财政监督，2013（8）：53.

特种行业取用水特别是大众洗浴、洗车行业，以及部分暂不具备使用自来水的取用水户，普遍对公共供水管网覆盖范围内取用自备井地下水40元/立方米的税额标准（是原水资源费标准的28倍多）难以接受，对水量核定工作产生抵触情绪。在内蒙古呼伦贝尔市，洗浴行业使用地下水成本为25元/吨，如改用供水管网成本为9元/吨，一些无法接入管网的洗浴中心可能由于无法负担高昂的水资源税面临着关门歇业。

水资源税改革试点过程中，在某些区域和行业，表现出一些比较典型的情况和问题，对当地社会经济中某些领域造成较大影响。例如，水资源税中关于"疏干排水"征收水资源税，意图通过税负差异激励矿业企业将采矿产生的疏干水回收利用或者回灌，促进地下水资源保护。费改税后，"疏干排水"由之前1元/吨水资源费提高到5元/吨水资源税，采用回收利用或回灌则征收2元/吨。这一政策对呼伦贝尔市房地产建筑业造成较大负担。呼伦贝尔市地下水层较浅，房地产施工过程产生大量疏干排水，这些排水难以回收利用或回灌，按5元/吨征收水资源税增加了房地产建筑成本。据当地税务部门调查，疏干排水产生的水资源税折算入建筑成本，会造成增加约100元/平方米成本的现象，并进一步传导至商品房最终售价由购房者承担。

地方政府既肩负发展地方经济的职责，也承担维护社会生态环境的重任。在不同时期，这两方面利益对于政府的意义有所不同。改革开放后基于GDP为导向的政绩考核，"理性"的地方政府更多考虑地方经济发展，引导更多社会资源投入物质生产领域，较少投入生态服务领域，环境责任很难落实。对于企业环境污染行为，地方政府往往"睁一眼闭一眼"，甚至充当一些大型污染企业的"保护伞"，导致大气、水体、土壤污染、退化，资源浪费、枯竭。这个时期，地方政府利益和企业利益表现更加趋同，都以眼前经济利益为主。企业在这种导向下不顾及社会生态利益，只注重短期经济利益。最有力的证据是，一些地方政府默许高尔夫球场这样的高耗水项目建设经营，早在2004年国家就明确提出禁止新建高尔夫球场，这项禁令几乎没有取得任何效果，在这之后8年时间内全国新建高尔夫球场400多个①。

近年来，绿色发展理念，节约资源、保护环境逐渐成为中国的基本国策。不少地区提出取消市县 GDP 考核并推行生态环保一票否决制。例如，云南省 2017 年评选全省经济"10 强县""先进县""进位县"，最引人注目的是对生态环保没有搞好的县市"一票否决"。在利益约束条件发生如此改变的情况下，生态利益重要性大大加强，甚至一跃成为矛盾的主要方面，地方政府开始把生态利益摆在更加重要位置。因此，企业追求经济利润最大化的个体理性，与政府追求生态利益和经济可持续发展的公共理性出现严重对立与冲突。伴随绩效考核制度改革和环境问责机制建立，地方政府不得不重拾环境治理职责。政府会采用经济和环境政策工具改变市场竞争机构，这种政策工具会给企业带来压力，企业更加需要树立良好的企业形象化解压力，主要手段就是主动承担环境责任。在生态利益约束下，政府与企业的矛盾显著了，它们只有在经济利益与环境利益的平衡中，才能找到自己重新的定位和发展方向。

在水资源税改革问题上，政府和企业间的利益矛盾，总体上可概括为经济利益和生态利益的矛盾。政府和企业在经济发展和生态保护方面均具有不同的利益追求：一方面，政府在经济发展和生态保护之间矛盾并权衡；另一方面企业也在经济利益与社会责任间矛盾而权衡。这一矛盾并非简单的孤立或对立，也不是静止不变，而是不断演化且对立统一。在不同时期、不同发展阶段，不同主体面临自己的利益约束条件，会作出不同决策，使其自身利益最大化。长期来看，居于次要矛盾方面的生态利益或社会责任都将逐渐变得更加重要，乃至发展成为主要矛盾方面，主导着矛盾的性质。

二、政府和居民间水资源税改革利益矛盾分析

民族地区地方政府作为一个相对独立的利益主体，追求的主要目标是

---

① 新华网. 高尔夫球场 8 年新增 400 家　中央禁令成空文 ［EB/OL］. d. youth. cn/shrgch/201208/t20120830_2396145. htm，2012－08－30。

民族地区经济社会发展、财政收入最大化等，其特殊性在于保障域内民族团结和社会繁荣。从理性、长期视角看，政府作为公众利益代表，在实现经济与生态环境可持续发展的目标上，与当地居民保持着高度一致性。然而民族地区大多地域广大，水资源情况复杂，水资源税政策制定难度较大。地方政府还担负着发展地方经济的重任，一旦偏向追求经济快速增长而忽视甚至牺牲生态环境，就侵害了社区居民的生态利益。地方政府和居民在当前阶段存在一定利益矛盾，二者具体利益矛盾关系如表3-5所示。

表3-5　　民族地区水资源税改革中地方政府与居民间利益及博弈条件

利益相关者	利益及博弈条件
民族地区地方政府	（1）逐渐提升或实行阶梯水资源税率以提升居民节水意识和效果。 （2）居民群体差异造成水资源税政策制定难度较大。 （3）对水资源情况、水资源开发利用情况信息不对称。 （4）与农业综合水价改革配套进行农业用水征收水资源税。 （5）行政模式下的政府单向管理。 （6）协调当地居民与其他利益相关者之间（尤其是征收水电企业水资源税与当地少数民族社区居民或移民生计支持和生态治理）的冲突
居民	（1）水资源税率的民生制约性。 （2）农民灌溉用水的无偿（或低价）使用意识和习惯。 （3）出于保护民族文化或提高补偿的考虑而抵触资源开发。 （4）在其他利益相关者做出有损自己利益事情的时候表达意见

其一，居民生活用水方面存在节水与民生之间的矛盾。在城镇公共用水管网覆盖范围内，原有水资源费随水费由自来水公司代收：一方面，这部分用水具有民生性质，水价不仅是经济问题，也涉及人的生存权利。我国没有制定专门的水价听证制度，水价听证以2001年发布的《政府制定价格听证暂行办法》为依据进行，利益相关者参与保障了水价制定程序公正性，有助于减少利益矛盾和水价执行；另一方面，过低的水资源税和水价也无益于水资源保护和可持续利用。水费占人均可支配收入只有达到一定比例，才可能对节水产生影响。实践表明，水价提高10%，用水量下降

3%～5%。有学者认为：在我国，水费占家庭支出2.5%时，居民才会考虑节水；占到5%时，对人民生活产生显著影响；占到10%时，会考虑重复用水①。我国城市居民水费占年人均可支配收入的比重较低，目前与合理的调节标准还有相当差距，水资源税作为水价的组成部分，也有一定上升空间。政府从长远考虑，也有逐渐提升或实行阶梯水资源税率以提升居民节水意识和效果的意愿。

其二，农业生产用水方面，主要体现为农民灌溉用水长期无偿（或低价）的使用意识和习惯与农业节水之间的矛盾。我国农业生产取用水量大，农业年用水量占全社会总取用水量60%以上。民族地区经济及工业基础相对薄弱，农业在经济中所占比例相对高于全国平均水平。农业用水的调节成果直接关系到水资源可持续发展的成效。农业水价改革和农业用水的税收调节是大势所趋、势在必行的，也是体现国家水资源所有权的必要手段。不管税率高低，都应有所体现，这与国家对农业和农民的政策优惠并不冲突。

从长远看，对农业用水征收水资源税利于当地居民及其后世子孙的生存和可持续发展。但短期来看，"任何税收立法都只是把税收问题摆在不领情的公众面前"②，农民受当前生活水平所限及长期低成本用水观念的惯性制约，"开征新税种的时候，民众的抵触情绪特别高。即使民众不用负担新税种，且能够通过国家财政收入的增加而享受公共产品，他们也（依旧）反对增税"③。农民对农业水资源税的接受程度会受到一定考验，需要以利益相关者参与机制增加农民对政策的理解，并有相关配套政策和优惠措施促进政策落实。

其三，政府在水利工程及水能资源开发等项目中，需要协调当地居民与其他利益相关者之间的冲突，尤其是处理好对水电企业与当地少数民族

---

① 段治平. 我国城市水价改革的历程和趋向分析［J］. 经济问题，2023（2）：28－29.
② ［美］B. 盖伊·彼得斯. 税收政治学：一种比较的视角［M］. 郭为桂、黄宁莺译. 南京：江苏人民出版社，2008：5.
③ ［意］埃里希·科齐勒. 税收行为的经济心理学［M］. 国家税务总局税收科学研究所译. 北京：中国财政经济出版社，2012：54.

社区居民或移民间的关系。可将部分水资源税用于当地社区居民相关的饮水工程和水生态治理等方面。

其四，居民由于其分散性，一般没有较好的组织机制表达自己的利益诉求，政府单向的行政管理模式与居民需求存在一定矛盾。在行政管理模式下，政府与当地居民在政策制定中的博弈地位和能力相当悬殊。从政策制定到实施都由政府一手包办，社区居民意愿往往难以得到体现和回应，政府决策的公正性与合理性存在偏差，使政策难以得到社区居民普遍理解和支持，影响实施效果。

三、居民和企业间水资源税改革利益矛盾分析

居民和企业都是独立的取用水主体，应按照规定各自向政府缴纳水资源税，二者在水资源税这个具体问题上并没有直接利益冲突。但企业对水资源开发和使用中产生的负外部性，势必影响当地社区居民利益。因此，在水资源税改革中二者存在紧密的利益关系。企业缴纳的水资源税，其中相当一部分将直接或间接用于当地社区居民的水生态治理上。居民和企业都是水资源税改革的核心利益相关者，对二者利益矛盾关系的考量十分必要，具体如表3-6所示。

表3-6　　民族地区水资源税改革中企业与居民间利益及博弈条件

利益相关者	利益及博弈条件
企业	（1）通过工商经营或水电开发获取经济利益。 （2）开发、取用水资源影响当地居民水生态环境甚至文化信仰。 （3）向社区居民提供就业机会、支付补偿费用。 （4）向政府缴纳水资源税。 （5）与个别官员勾结以政府名义损害居民利益
居民	（1）得到企业提供的就业机会、补偿费用。 （2）承担着水资源开发利用所带来负面影响。 （3）争取政府支持协调利益分配或与企业对抗

一般而言，企业的经济利益取向与社区居民的生态利益取向存在明显的对立关系，但从长期看，二者对经济利益与生态利益的均衡又有趋于一致的要求。一方面，对居民而言，环境利益固然重要，经济利益亦不容忽视。企业通过生产经营和水能资源开发影响了当地居民的生存和发展环境，也为居民带来就业机会，为政府贡献的税收也能促进民生改善。我国民族地区贫困程度相对较高，且多是生态脆弱地区。当居民生计还存在问题时，对经济利益的追求必然优先于生态利益。另一方面，对具有长远眼光的企业而言，经济效益增长并非与生态环境负相关。企业会因生态环境问题激化与当地居民的矛盾，负面评价反过来影响企业社会形象，进而影响其经营成果和经济利益。因此，企业经济利益的持久与稳定也受到当地社区居民生态利益的影响和制约。

在行政模式下，人们往往希望借助政府权威来协调企业与社区居民间利益冲突。但事实上，政府监管不到位，处罚措施不力，甚至是政府"站错队"，导致社区居民与企业间矛盾不仅没有消除反而加深。企业损害水生态环境的行为无法得到有效遏制，居民诉求得不到支持，引发矛盾升级，影响社会稳定。以水能资源开发为例，水能资源开发利用对地方社会经济发展具有十分重要意义。在收益分配上，中央政府和地方政府分别获得国、地税收入，其中国税收入占绝大部分；水电开发企业获得利润，其中主要是中央企业，通过垄断水能资源开发经营权而获得巨大收益，部分私人中小型水电站通过政商关系等获得开发权，取得较大收益；居民方面，除移民获得土地出让等补偿外，其他当地居民几乎难以直接从资源开发中获得利益，但也有诸如劳务用工、个体经营等间接收益。于是，在水能资源开发核心利益相关者的收益分配方面形成极不均衡的状况：中央政府与开发企业占有利益的绝大部分，而地方政府与当地居民只取得极小部分。地方政府与居民非但不能充分享受当地水能资源开发的利益，还被开发过程所产生的如库区淹没、生态环境及水体环境恶化、诱发地震、生物多样性受损等巨大负外部性所长期困扰。

我国民族地区水能资源丰富，在水能资源开发过程中产生了大量移民。民族地区的移民具有少数民族聚居性、资源依赖性等特征。《经济参考报》于 2006 年 2 月 15 日进行相关报道，描述了一个现象：黄河上游电站越建越多，群众越迁越穷。当地政府一位领导说这是"先进的电站，落后的库区，艰难的政府，贫困的群众"①。陈祖海和陈莉娟（2010）对湖北长阳土家族自治县清江水电资源开发的调查中发现，资源开采对地方税收贡献很有限。大型企业集团开发自然资源的税收，按照属地管理原则流出民族地区地方政府，只留下少量地税。以隔河岩水电站为例，该水电站位于长阳县，总部在宜昌。按照增值税国家返还地方 25％，省政府与长阳县按五五分账，实际分到长阳县的增值税仅为 12.5％，造成较大水资源费缺口②，对当地社区居民经济利益和生态利益实现产生了很大制约。

政府、企业、居民三方是社会经济重要组成部分，也是水资源税改革中三大主要利益相关方，其间利益关系和矛盾呈现出水资源税的社会总体性矛盾表现，即经济利益与生态利益的矛盾。然而这一矛盾并非既定和静止的，会随社会经济发展和政策、制度的约束不断演化。由于水资源的特殊性，政府、企业、居民三方在长远利益趋于统一条件下，这一矛盾的演化发展必然趋向于共容和统一。

四、经济利益与生态利益的对立统一

2011 年中央一号文件《中共中央 国务院关于加快水利改革发展的决定》中，将水资源定位为"生活之需、生产之要、生态之基"，水是生态环境中的特殊要素，征收水资源税的目的是保证国民水资源实现循环可

---

① 马国忠. 水权制度与水电资源开发利益共享机制研究 [M]. 成都：西南财经大学出版社，2010：195.

② 陈祖海，陈莉娟. 民族地区资源开发利益协调机制研究——以清江水电资源开发为例 [J]. 中南民族大学学报（人文社会科学版），2010（6）：115.

持续发展。水资源税是具有生态价值的资源税。水资源税改革中利益相关者间的利益矛盾，最终可以从总体上归结为生态利益与经济利益的对立统一关系。从利益主体看，尽管利益主体多元，利益内容多样，但生态利益和经济利益都是人这个主体的基本利益，对于人生存发展二者相辅相成。从矛盾角度辩证地看，尽管生态利益与经济利益二者对立统一的均衡态及其结构在不同形势下是变化的，但其对立统一关系不变，统一的基础也不会失去。因此，不应将生态利益与经济利益割裂甚至完全对立，也不应简单理解为生态利益或经济利益敦为优先的问题①。

水资源既有实物价值，也有生态价值。收费是侧重实物价值，体现使用者付费；收税则实物价值和生态价值并重，侧重后者，这也是税作为政治权力的优势，可以根据现实条件变化调整职能重点。水资源税的职能分为收入职能和弥补外部性职能，可分别对应水的物质性价值和生态性价值。当我们要满足人民对美好生活的向往，要体现绿水青山就是金山银山时，水资源费改税就成为必然，其共容利益也以此为基点。民族地区作为生态脆弱区和重点保护区，其水资源税改革尤其要从上述理念出发。

首先，经济利益与生态利益之间既对立又密切相关的关系，决定了水资源及其生态问题的复杂性。一方面，生态利益与经济利益具有天然的对立性。人类经济活动就是不断克服自然限制、改造自然的过程，经济发展对于生态的影响难以避免。另一方面，生态利益与经济利益又有不可分割的密切联系。自然资源和生态环境是经济发展的基础和条件，人类活动包括经济活动对生态的改变又反过来影响到经济发展和人类自身。生态治理中，关键是如何协调与平衡二者之间关系，实现"鱼与熊掌可以兼得""既要金山银山，又要绿水青山"②。

---

① 张军. 环境利益与经济利益刍议［J］. 中国人口·资源与环境，2014（S1）：78.
② 栗明. 社区环境治理多元主体的利益共容与权力架构［J］. 理论与改革，2017（3）：115.

其次，水资源和水资源税改革相关的利益主体，各有其特殊利益诉求，会表现出一定的"狭隘利益"，同时也会存在利益交集。如何通过利益激励和利益协调使其利益共容性得以增强和持续是值得思考的问题。

最后，不是所有利益相关者在所有时间点都是同等重要的，但他们有权利诉求其所应有的利益。随着时间推移，利益相关者的利益需求也会趋于一致，要从动态和平衡视角考虑利益相关者需求。

水资源税改革中利益相关者的共容利益，即其相关利益中当前的共同利益及长期趋于共同的动态利益。共容利益从性质上说是一种公共利益，从量上看是基于共同利益而又广于共同利益。共容利益是一种动态调整的利益范畴，这种动态体现在当代利益相关者的协同，也体现于代际间的动态演变，其大小和持久性取决于利益共容机制和税制的有效建立。

从现实看水资源税改革中的利益矛盾，企业多强调当下经济利益，对生态环境的负外部性及社会对企业的评价则放在次要地位，甚至忽略和逃避。政府为应对市场竞争结构压力和社会舆论压力需要运用经济和环境政策工具，企业面临政策约束也需通过主动承担生态责任，树立负责任的企业形象，谋求长久发展。社区居民更关注生态利益，经济利益居于次要地位。地方政府在中央坚持绿色发展理念的要求下，伴随绩效考核制度改革和环境问责机制建立，不得不重拾环境治理职责，追求两种利益共生与双赢是地方政府职责所在。生态利益与经济利益均为关乎人类生存发展的基本利益，二者具有同源同质和共生互动性[1]，要看到二者差异性基础上的统一性，不应简单将其割裂或对立，经过协商并取得一定利益共识及进行恰当动态平衡后，二者可以达到协调状态，如表 3 – 7 所示。

---

[1] 李启家：《教育部人文社会科学重点研究基地重大项目成果报告摘要—环境资源法律制度体系的完善与创新》，载"武汉大学环境法研究所"http：//www. riel. whu. edu. cn/article. asp？id＝29471。

表 3 –7 核心利益相关者利益取向比较

利益相关者	利益取向	利益趋同
政府	经济利益与（生态利益）	
企业	经济利益	生态利益与经济利益
居民	生态利益	

从宏观、长远角度看，各利益主体都存在协调生态利益与经济利益的动机与动力。关键是设计何种机制和税制尽量平衡利益相关者间的利益矛盾，实现利益共容与增进。

第四章

民族地区水资源税改革的共容利益

第一节　理论与现实中的共容利益思想

一、共容利益的哲学思辨：从对立面的统一中把握对立面

研究共容利益是利益相关者研究的延伸和目的，利益相关者研究是实现利益共容的前提和基础。水资源税改革的结果是对水资源物质性产品用途与生态性服务用途结构的调整。对相关利益主体来说，是其利益结构的调整和重新均衡。既然是利益的调整，就必然存在利益在量方面的增减和质方面的变化。面对同一社会经济矛盾，人的主体性又具体化为不同利益诉求，表现为差异，甚至于对立。在水资源税改革中，某些利益相关者的利益在量上较先前有所减损，有些则有所增益。但作为生存在这个地域环境中的个体人来说，尤其从长远看，则共同享受到了水质、水生态环境优化带来的生活品质改善。这是水作为自然生态资源的特殊性所在，也是水资源税改革利益共容的可能性所在和前提条件。共容利益的存在，在于利益相关者之间的利益具有一定正相关性，即共容性。如果利益各方利益是

根本性、互不相容的对立，或当前及长期也不具备较大正相关性，利益各方间也就无所谓存在共容利益并对其做出衡量的必要。

社会中的利益关系一般表现为矛盾、冲突、协调与统一的状态。毛泽东在《矛盾论》中指出："事物的矛盾法则，即对立统一的法则，是唯物辩证法的最根本的法则。"① 水资源税改革中利益相关者间的利益关系也表现为矛盾对立性和统一性的共存状态。"在矛盾特殊性的问题中，还有两种情形必须特别地提出来加以分析，这就是主要的矛盾和主要的矛盾方面。在复杂的事物的发展过程中，有许多的矛盾存在，其中必有一种是主要的矛盾，由于它的存在和发展规定或影响着其他矛盾的存在和发展"②。因而，我们分析矛盾的核心，就是要抓住主要矛盾及主要矛盾方面，这同样适用于利益相关者之间的矛盾分析。

在水资源税改革利益相关者矛盾系统中，也存在多个具体矛盾：政府与企业的矛盾、政府与居民的矛盾、居民与企业的矛盾及政府间矛盾等。不同地区各有特殊性，应结合实际确定自己的主要矛盾和主要矛盾方面。从总体和长期角度看，这一矛盾系统可以抽象为经济利益与生态利益的矛盾，这两种利益的主体既是总体性的人，也是不同利益相关者群体自身面对的矛盾方面。从目前这一矛盾演化来看，生态利益已在逐渐转变为矛盾主要方面的过程中，在某些地区已经确立为主要矛盾方面。

孔子曾说过"万物并育而不相害，道并行而不相悖"③。在自然和人类社会中，特殊性之外，共容性与和合之道也具有普遍性。"利"在《说文解字》中解释为"和然后利"④。《周易》中有"'利'者，义之和也"⑤。由此可见，利益与"和"之间的关系甚为密切。对于共容利益的理解，要在看到差异和对立的基础上，看到其统一性，这是利益能够共容的立足点。黑格尔认识到，思辨辩证法所要面对和处理的，就是对立与统

---

① 毛泽东. 毛泽东选集（第1卷）[M]. 北京：人民出版社，1991（2）：299.
② 毛泽东. 毛泽东选集（第1卷）[M]. 北京：人民出版社，1991（2）：320.
③ 《礼记·中庸》。
④ [汉] 许慎著：《说文解字》。
⑤ 《周易·上经·乾（卦一）》。

一的关系①。"思辨的东西，在于这里所了解的辩证东西，因而在于从对立面的统一中把握对立面，或者说，在否定的东西中把握肯定的东西"②。对立面的统一构成矛盾，从对立面的统一中把握对立面，也就是对矛盾的规定③，也是对利益共容较为贴切的哲学诠释。利益共容，不仅要"从对立面的统一中把握对立面"，还要抱着发展的思维，"在否定的东西中把握肯定的东西"。水资源税改革，正是符合人发展趋势的积极性变革，改革过程中必然会遇到旧因素的制约，但新的因素正是因为其否定性、进步性，从而不断成长、壮大，成为矛盾的主要方面，并规定矛盾的性质，导引矛盾的发展，促进水资源税改革共容利益的实现和不断增进。从这个意义上，民族地区水资源税改革的共容利益是一个动态均衡过程和结果，是利益相关者当前共同利益及长期趋于共同的动态利益。而当前共同利益的大小及长期共容利益的增进程度，取决于改革机制和水资源税制度的设计，利益相关者作为利益主体积极参与是其中的关键环节。利益相关者参与促进利益共容的理念，从现实到传统中均有丰富的思想来源，并通过思想观念的传承及再生产，继续作用于相关利益主体在水资源税改革的利益主张之中。

二、少数民族传统水制度中的共容利益思想

我国民族地区幅员广阔，少数民族聚居地星罗棋布，长久以来形成了内容丰富、形式各异、旨在协调人与自然和人与人间社会关系的少数民族传统水制度。这些传统水制度中蕴含丰富的文化和思想，是少数民族水资源、生态利益共容的现实表现。

少数民族传统水制度包含着丰富内容，既有以水（神）为中心的崇拜和信仰，又有社会性的水规水法约束，还有经过社群公推并受地方政府委

---

①③　刘永佶.黑格尔哲学［M］.北京：中国社会科学出版社，2017：122.
②　［德］黑格尔.逻辑学（上卷）［M］.北京：商务印书馆，1966：39.

任的专职管理者——"水倌"。经族群公议制定的水规水法，在少数民族传统水制度中发挥主要作用，以"法"的强制性作用对族群成员进行约束。

少数民族传统水制度中蕴藏着丰富而深厚的水文化，是当地族群长期集体应对水资源条件而创造、传承的思想结晶。敬水、治水、管水、用水等一系列生活生产活动，因人人从小参与而代代相传。水文化使血缘、地缘、业缘认同高度集中，族群在这个过程中协调分工凝集成联系紧密、高度和谐的社会共同体。因此，少数民族传统水制度及其水文化中蕴藏着丰富而系统的共容利益思想。

首先，是人与自然协调共处的思想。基于上千年与自然共生而形成的少数民族传统水制度及其水文化，其中体现了当地族群对水与人之间关系的深刻理解。云南少数民族传统水文化注重森林保护，并进行水源涵养。哈尼族选择树林茂密之地建立村寨，对整个森林进行规划，划分水源林、护寨林、坟山林等，保持水土、含蓄水源。傣族、侗族、苗族、壮族等也有类似传统。在当代水资源和水生态保护中，需要强化人的水观念，正确的水观念是保护水资源可持续发展的文化基础。研究、挖掘并传承少数民族传统水制度及其水文化中蕴含的丰富共容利益思想，对促进当代经济利益与生态利益协调、保障代际利益和可持续发展都有深远意义。

其次，是人与人规范共容的思想。少数民族传统水制度及其水文化包括保护水资源和水生态的社会规范与传统制度。这些社会规范与传统制度通过观念、信仰、习俗及规则体现出来，约束人的行为，要求人们保护水生态环境，限制对于水生态环境的不良影响。红河州阿倮欧滨是哈尼族神山，主祭祀区外墙上刻着其水规水法："祭祀中心方圆五百米内，不准采用一草一木；不准埋葬；不准野炊、洗澡、钓鱼；不准穿行、放牧。违者最低罚款三百六十六元，上不封顶。"这一水规虽是对祭祀区的规定，事实上是以水为统领的资源保护民间法①。少数民族传统水文化中的这些习惯法、规约，规定对水资源保护、合理开发和利用。历史上，人们遵守这些规范，从而使水资源和生态得到保护。当代水资源生态保护及水资源税制度中同样需要规定并调节人与人之间的利益关系，使相关利益主体自觉、主动地保护水资源和生态，寻得生态利益与经济利益之间的平衡。

少数民族历史形成的对于当地水资源的传统管理制度，可看作一种对"公共池塘资源"自主组织和自主治理的制度。"公共池塘资源"原意是"一个自然或人造的资源系统，这个系统大到足以使排斥因使用资源而获益的潜在受益者的成本很高"②。是当地一群有着共容利益的人，在"国家理论"和"市场理论"之外，寻找到的第三种"集体行动的逻辑"。公共池塘资源的利用者因为相互依存的关系，基于"制度供给""可信承诺"和"相互监督"展开"集体行动"，建立"集体合作制度"，实现"公共池塘资源"的自主组织和自主治理，避免"公地悲剧"和"囚徒困境"导致的"冷酷方案"和"冷酷陷阱"。

在现实中，可以发现，一些通过国家行政手段或市场手段都未能成功解决的"公地悲剧"问题，反倒是许多区域或社区中的人们通过自主组织和制度安排，对某些公共资源成功地进行了良好治理。事实上，只有适应性地发挥资源环境的功能，民族生存发展与资源环境的平衡状态保持协调，民族生存发展的利益才能保障③。哈尼族梯田系统有效防范了山地农耕过程的水土流失，凝聚形成颇为壮观的哈尼梯田文化。许多少数民族历史传统的水文化及制度都与水资源及生态环境长期和谐统一，体现出可持续发展和共容利益最古朴的内涵，是民族经济可持续发展的内在动力之一。相信民众的智慧，使利益相关者积极参与到民族地区水资源税改革的方案、制度设计中，也是产生有效解决方案的思路和途径。

---

① 黄龙光. 少数民族水文化概论 [J]. 云南师范大学学报（哲学社会科学版），2014（3）：147.

② [美] 埃莉诺·奥斯特罗姆. 公共事物治理之道——集体行动制度的演进 [M]. 余逊达、陈旭东译. 上海：上海译文出版社，2012：36.

③ 王文长. 民族视角的经济研究 [M]. 北京：中国经济出版社，2008：402.

水资源危机及可持续发展问题的根源，不在水资源本身，而在于水资源的开发和利用者。现代可供采取的技术手段日益升级、增多，对水治理作用巨大，但终归是矛盾的次要方面，更多起到治标作用。人是行为的主体，是这个矛盾的主要方面，只有抓住人这个行为主体，以道德和法制规范人的价值观、思想及道德，对人行为进行内在与外在的双重统一制约，建立人水和谐关系，才是治本之策。不同民族在生产生活实践中形成的水文化，是当代从根本上解决水资源和水生态问题的有益参考。作为传统水文化的接受者和承载者，少数民族社区居民是水资源税改革中的利益相关者，将会从自身利益出发，依据历史经验及现实矛盾，在水资源税改革中提出自己的诉求和主张，与其他利益相关者共同促进水资源税改革的进程。研究、挖掘和传承少数民族传统水制度及其文化中蕴藏的丰富内涵和价值，对于今天我们解决水危机，重建和谐优质的水生态具有积极现实意义。

第二节 多元协商的民族地区水资源税改革利益共容实现模式

一、单向行政模式向多元协商模式的转变

为人民服务是政府一切行为的出发点和归宿。公共利益是政府制定公共政策的立足点和最终目的所在。任何公共政策都代表公共利益，应服务于公共利益，"本质是政府对社会实行权威性的利益分配"[1]。从博弈论视角出发，可以将公共政策制定过程视为利益相关者围绕利益而展开的矛盾、博弈和交易过程。一般来说，传统政治理论较为理想化地认为，政策

---

[1] 陈庆云．公共政策分析［M］．北京：中国经济出版社，1996：5.

制定的科学性是保障政策目标能否顺利实现的关键环节。政策制定的科学性表现为内容合理和程序合法，只要这两点具备就认为政策意图可以顺利落实。但事实上，公共政策"是一种直接或间接地对社会利益进行权威性分配的方案"①，在执行中会遇到各方利益博弈，出现"上有政策、下有对策"现象及社会公众对部分政策不理解、不支持等行为。政府利益与公共利益既具有理念上的一致性，也有实际中的对立性，呈现对立统一关系。二者的一致性使建立利益共容机制得以可能，差异性则凸显建立利益共容机制的必要性。

水资源税是具有生态价值的资源税。对水征收资源税，将会同时产生正面和负面影响。负面影响主要体现在：短期内水资源税上涨，居民、企业用水成本升高，进而影响经济发展和社会福利。正面影响主要体现在：增加政府财政收入，培养企业和个人良好用水、节水习惯，在全社会树立水资源保护意识。我国选择征收水资源税的原因主要有以下两个：其一，总体来看，相比正面影响，负面影响相对较小；其二，水价上涨等部分负面影响具有暂时性，一旦全社会形成正确的水资源消费观与使用观，正面效应得到增强。政府的政策目标是在均衡利益相关者利益并兼顾经济发展与保障民生的前提下，实现水资源和水生态可持续发展。在经济利益和生态利益这对矛盾中，经济利益当前居于矛盾的主要方面。水资源税改革要求重新调整二者矛盾关系，使水资源的生态利益由次要方面转变成为主要方面，成为矛盾的主导，并尽可能兼顾经济利益，达成二者在对立中的统一，在否定中的发展，重新建立一种更高层次、各方利益共容且增进的利益制衡态。在行政管理模式下，政府在水资源税改革中居主导地位。在政府看来，企业是水危机等问题的主要制造者，居民作为水资源消费者也是重要因素之一。这种管理模式和惯性认识往往容易导致利益相关者之间关系紧张，甚至产生矛盾和冲突。

一定利益主体拥有一定的利益代表，利益代表分别地代表和维护各个

---

① 丁煌. 政策执行阻滞机制及其防治对策 [M]. 北京：人民出版社，2002：31.

社会利益群体，有意识地协调各种利益关系。在一个社会中，不同层次、不同领域、不同方面的利益群体的代表，构成了种种利益代表关系。不同利益代表站在其利益群体立场上，根据其利益和意识，发表利益主张。不同利益代表提出的利益主张大多各有差异，但一定会在某些利益主体间存在一定程度的交集和共性，并且这些利益交集和共性在充分沟通的条件下，会进一步放大或增进。

公共政策对于其立足点公共利益的偏离程度，很大程度受到公共政策制定过程影响。安德森（Anderson，1990）将政策制定全过程分为政策日程、政策形成、政策通过、政策实现和政策评价五个阶段①。整个政策制定过程要遵循合法、公正与权威的原则。政府制定公共政策所遵循的机制和程序，及其与公共利益的统一性至关重要。"协商是一种政治过程，在协商的政治过程中，协商的参与者自由、公开地表达或倾听各种不同的理由，通过理性、认真思考，审视各种理由，或者改变自身偏好，或者说服他人，进而做出合理的选择"②。通过协商这种民主形式可以限制追求自我利益的狭隘取向，并以公共理性寻求能够最大限度地满足利益相关者各方愿望的共识。"协商制度在中国表现为民情恳谈会、民主恳谈会、民主理财会、民情直通车、便民服务窗、居民论坛、乡村论坛和民主听（议）会"③。利益相关者管理即是一种协商民主的形式，利益相关者参与力争寻求局部受影响人群的利益与可能的全局利益之间的平衡。

对协商的提倡是中国共产党的悠久光荣传统。早在抗日战争时期，毛泽东主席就强调过"国事是国家的公事，不是一党一派的私事。因此，共产党员只有对党外人士实行民主合作的义务，而无排斥别人、垄断一切的权利""共产党人必须和其他党派及无党派人士多商量，多座谈，多开会，务使打通隔阂，去掉误会，改正相互关系上的不良现象，以便协同进行政

---

① ［美］詹姆斯·安德森. 公共决策［M］. 北京：华夏出版社，1990：32.
② 陈家刚. 协商民主引论［J］. 马克思主义与现实，2004（3）：27.
③ ［澳］何包钢. 中国协商民主制度. 陈承新摘译［J］. 浙江大学学报（人文社会科学版），2005（3）：13.

府工作与各项社会事业"①。协商是由单向度行政管理模式向民主治理模式的转变，协商所要创造的社会秩序不是由外部强加的，要依靠多方利益相关者互动影响发生"化合"作用。

在协商模式下，倡导在民族地区水资源税改革中充分发挥政府主导作用，而非单方面统抓统管，积极组织水资源税改革的相关利益主体代表，如企业、居民、公益性非政府组织等积极参与并阐述其利益诉求，在此过程中发挥各自优势，合作开展共同治理。

从总体上寻求生态利益与经济利益均衡协调，是政府、居民和企业三方长期共同的利益诉求，是其他间接利益相关者的愿望所在，也是各利益主体利益共容与增进的内在动力和出发点。与传统行政管理模式相比，协商模式下的企业和居民等各方不再被视为管理的"对象"和"客体"，而是在政府主导下成为治理的"主角"和"主体"。各利益相关主体主动、充分参与水资源税改革及水生态可持续发展的建设工作，通过沟通、协调和谈判等形式，使各方相互冲突的利益诉求在一定程度上得以协调并达到共容。荷兰的水资源管理采取了水资源管理委员会的组织模式，委员会代表来自各利益相关者群体。各方利益代表通过参与水资源保护税制度的制定与管理，从其主体性出发诉求各自利益，取得共识，平衡相互利益矛盾。这种做法不仅体现了水资源保护税职能的社会性本质，还体现了民主与公平的理念和原则，也显著提高了水资源保护税制定与实施过程的接受度与执行效果。目前，我国还是以政府行政管理模式为主，缺少公众参与治理模式和机制，使一些政策制定偏离实际，在执行过程中受到抵触，难以落实并发挥作用。

二、共容与增进：协商模式对利益的协调和激励

利益主体的差异构成复杂交错的利益关系和利益矛盾系统。由于利益

---

① 毛泽东．一九四五年的任务．毛泽东文集（第3卷）［M］．北京：人民出版社，1996：243.

差别、矛盾的存在，需要利益协调模式和机制的建立。法律协调和行政协调对利益关系起着十分重要的协调和规范作用，但在法律协调、行政协调之前，把发挥利益相关者主体性的协商模式作为利益协调的基本模式和前提，既体现利益相关者的权利和义务，也是道德协调的体现。道德是价值观和思想的集合，是社会总体意识对个体人意识和行为的制约。与法律强制性的"硬"约束不同，道德对人行为的制约，是通过意识的"软"约束，即通过义务、良心、荣誉等内在的修养制约其幸福观，并以外在的评价来限制或鼓励，从而使个体人的行为符合社会总体规范①。在社会主义制度下，利益的根本性对立被消灭，利益协调的目的是维护全体人民的利益。在政府主导的水资源税改革中，协调各方利益主体关系和矛盾，调动利益各方积极性、主动性，促进水资源税改革有效推进，建设可持续发展社会经济环境，是利益协调的最终目的。

相比传统单向度的行政管理，多元协商由于各相关利益主体充分及时参与，更有助于促成经济利益与生态利益协调与共容，有效遏制不同主体的利益偏向及利益短期效应。协商模式下，社区居民参与可以促使政府与企业重新端正自己的定位，调整利益偏好和行为模式，强化生态责任和生态利益。协商模式通过政府之外利益主体的参与，改变了传统行政管理模式由上至下的单向度管理，变为多元利益主体间多向度互动治理，这不仅使原来单一主体治理能力增强，更使治理所依赖的信息基础得以充实，提高信息沟通和交流的频次及深度。利益相关者各方也因此加深理解，减少对抗，极大提高水资源税改革中治理主体合作程度与效果。

人的行为受到其思想动机支配，而动机则带有意向性。马克思说过"就个别人说，他的行动的一切动力，都一定要通过他的头脑，一定要转变为他的愿望的动机，才能使他行动起来"②。人的意识形成和发展源于社会实践，实践行为又最终作用于人的意识。需要和利益触发人行为的思

---

① 刘永佶. 劳动主义，下卷［M］. 北京：中国经济出版社，2011：602 – 603.
② 马克思恩格斯全集（第 21 卷）［M］. 北京：人民出版社，1965（1）：345.

想动机，从而引起人的相应行为。可以说，需要和利益促使人进行社会活动。利益具有激励人们从事各种活动以谋取利益的功能，是激励人进行社会活动的动因。

利益的激励功能是利益作用的具体表现形式。利益激励作用的过程即是利益本身实现的过程，利益实现过程集中表现为利益的刺激作用、激励机制①。利益激励的实现受到众多因素制约，其中首要是社会制度和社会体制。利益是一定经济关系的表现形式，生产资料所有权直接体现了社会制度中的经济关系，即经济制度。由所有权派生的占有权、使用权（经营权）、收益权、处置权等是经济体制的具体表现。这一系列权利构成权利体系，直接决定利益主体的利益占有和分配，成为制约利益激励的最重要因素。协商模式将传统行政管理模式中的利益相关者，由被管理的"对象"转变为治理的"主角"，实现利益相关者在水资源税改革中的主体地位和权利，是共容利益实现和增进的重要前提。

利益激励可分为物质（经济）利益激励和精神（非经济）利益激励。物质利益激励是基本激励形式，当满足一定条件时，精神利益激励可以起到一定激励作用。利益激励还可以分为正面激励和负面激励两种形式：正面激励是在利益主体行为符合目标要求时，给予利益主体一定利益，或在此过程中随着行为加强而进一步强化激励；负面激励则是从相反方面对利益主体进行刺激，如罚款、处分、取消待遇、资格或荣誉称号等。从效果来看，正面利益的量给予的越大，激励可能性也越大。以正面激励为主，辅以必要的负面激励，能产生更好效果。在水资源税改革过程中，对于在生产上受影响较大的中小企业，政府应当在增值税、营业税等方面出台一些更加优惠的税收政策，减轻企业压力。对采用节水、治污环保技术的企业给予间接减免税优惠，对再生水等资源循环利用、综合利用行为更多给予鼓励政策。通过多元协商模式，进行全方位利益协调和激励，是促进民族地区水资源税改革共容利益实现与增进的必要前提和制度保障。

① 王伟光．利益论［M］．北京：中国社会科学出版社，2010：188．

■ 第三节　共容利益实现机制——利益相关者参与民族地区水资源税改革

一、利益相关者参与的必要性和动力

利益相关者参与是多元协商模式的具体形式，也是"无代表则无税"的税收法定原则的体现。课税权力虽然是为保障公共利益、满足公共需要而由人民赋予国家的权力，但是，税收毕竟是国家凭借政治权力施加于纳税人的负担，必须加以约束和规范。在现代民主政治国家，为确保税法符合民意，并对人民的权益损害最小，各国均实行税收法定主义，即税收规则的创设、税种的开征停征等税收立法，必须征得人民或其授权代表的同意。否则，国家征税行为不具备法律上的合法性和有效性[①]。

从理论上讲，全国人民代表大会体现民意、代表民意，按照"无代表则无税"的税收法定主义原则，税法应由全国人大及其常委会制定，但实际中由于"全国人大目前在机构设置和人员配备方面并不具有制定税法的能力，因此，许多税法都由国务院及其财税主管部门制定"[②]。《水资源税征收管理办法》是根据党中央、国务院决策部署，由财政部、国家税务总局和水利部联合制定，属于对行政机关的授权立法，各省、市、自治区结合自身实际再制定各自管理办法。因此，利益相关者参与实际上也是"无代表则无税"原则的一种表现形式，不仅体现水资源税征收管理办法的合法性，还促进其实施中的有效性。

利益相关者参与是水资源税改革得到总体"理性"认识的必要途径。

---

① 许善达. 中国税权研究 [M]. 北京：中国税务出版社，2003：76.
② 许善达. 中国税权研究 [M]. 北京：中国税务出版社，2003：77.

王伟光（2010）认为，人的思想动机有三种形式（同时又是思想动机发展的三个阶段），即情欲、关心（或兴趣）和认识；情欲相当于人类认识的感觉、知觉形式和阶段；关心或兴趣相当于认识的表象形式和阶段；认识是人最高级的思想动机，相当于认识的理性阶段或理性形式，它是以抽象的形式、理论的形式而表现出来的高级需求动机[①]。个体与总体的统一，不仅使理性与知性相通连，更使理性上升为精神[②]。理性认识可以促进人们更自觉、更有目的地向着符合个体利益与总体利益统一的方向进行社会活动。

利益所引起的思想动机相应也可分为利益欲望、利益兴趣和利益认识三种形式。[③] 利益欲望是人受到利益刺激产生欲望的初级主观形式，是人心理动机的基础部分。在利益欲望基础上产生利益兴趣，即离开利益直接刺激而表现为和观念相联系的、持久的思想动机。利益认识是人更高级的思想动机，如对于利益的理论性认识、对阶级利益、根本利益等的高层次认识。利益认识作为一种高级的理性认识，会返回并作用于前两种利益思想动机，校正或强化利益欲望和利益兴趣，使人愿意放弃个人的、暂时的利益，更加倾向于从事旨在达到根本利益目的的活动。

利益相关者参与还有助于水资源税改革方案制定过程中发现更多问题，以便及时规避或有效解决。例如，过去水资源费征收的法律规定过于原则，缺乏可操作性，在执行中造成困难。1993 年发布的《关于涉及农民负担项目审核处理意见的通知》中"暂缓执行水资源费在农村收取的部分"的规定，导致乡镇及以下水资源费征收工作现在还都严重受阻。乡镇企业、国营农、林场等取水者以属于"暂缓执行"范围要求缓交水资源费。《广西壮族自治区水资源费征收使用管理暂行办法》中有"国家机关、人民团体、驻军、学校、医疗单位核定限额内的生活用水，免征水资源费"的规定，由于"核定限额"在执行中难以核定并明确，相关取用

---

① 王伟光. 利益论 ［M］. 北京：中国社会科学出版社，2010：182 – 184.
② 刘永佶. 黑格尔哲学 ［M］. 北京：中国社会科学出版社，2017：177.
③ 王伟光. 利益论 ［M］. 北京：中国社会科学出版社，2010：187 – 188.

水户都"理直气壮"地拒交水资源费。此外，还有水资源相关法律衔接不畅的问题，水资源法律体系与其他相关法律之间存在直接或潜在的冲突，如水资源费征收制度与取水许可管理制度不配套等。

基于以上认识，民族地区水资源税改革的良好实施，有赖于利益相关者积极参与和有效协商基础上的共同治理，这也是各方共容利益实现的必要路径。对所有利益相关者进行广泛适当的知识普及，与良好治理之间存在内在关联。为了有效进行水资源管理，长期以来欧盟国家非常重视利益相关者参与，并为此开展大量针对利益相关者的能力建设和教育活动。《欧盟水框架指令》着重强调使利益相关者在各个层次上参与水资源管理的重要性。我国也认识到这一点，近年来颁布的一些涉水法律法规都包含利益相关者参与的理念，鼓励公众参与水资源管理。在2011年中共中央一号文件《中共中央　国务院关于加快水利改革发展的决定》第29条和第30条中还强调了利益相关者教育和能力建设的重要性。

现实中，习惯于行政管理模式的政府，对利益相关者参与政策制定及落实还有一定畏惧感，担心工作进程受到影响和延误，及利益相关者之间的矛盾会降低政策目标水平等。事实上，利益相关者参与有时可能会导致标准设定的略低，但可以改善标准的实施效果。因为，如果没有利益相关者参与，就会产生新政策接受度较低的问题。参与可以提高利益相关者之间的协作，使他们可能会较早知道潜在的水资源问题及有关危害，以此增进各方利益相容性。政策在落实过程中能够被有效接受，也使之前在政策制定过程中因利益相关者参与而可能耽误的时间被节省。此外，如果政府在社会治理中多次引入利益相关者管理，在实施其他政策时也会有很好的基础和带入效果，以往合作历史或者公众参与的传统会很容易地启动新的参与式过程。很多事实证明，即使法律或政策要求实施一些举措，这些措施也需要取得公众认可。人性化方法和公平、公正是取得实施成功的重要因素。

总体上讲，利益相关者参与公共政策制定及实施利大于弊。强调利益相关者参与的动力可以被分成两类：一类动力是与决策者直接受益有关；

另一类动力是利他的，仅会使决策者间接受益。

直接受益的内容包括以下四个方面：一是作为改进决策本身的一种手段，鼓励利益相关者接受而不反对决策，意味着增加政策的合法性；二是提高实施质量，减少拖延，甚至赢得时间和进度；三是增加决策过程透明度，提高实施接受程度；四是利用利益相关者的经验和知识，提高政策科学性。

间接受益的内容包括以下三个方面：一是明确参与者主体性，推动了积极的公民主人翁责任感；二是鼓励社会学习过程，利益相关者通过相互学习对方的水意识，丰富自身知识并提高利益共容性；三是普遍提高公众的环境意识。

积极与利益相关者进行沟通和协商，以便在各方之间最大可能达成共识，寻找到更好的思路制订水资源税改革方案，降低未来在方案落实中可能受到的负面影响，使水资源税改革方案更具可行性和可持续性。利益相关者参与有一定原则和操作要求，需要民族地区地方政府充分发挥主导作用，秉持以下原则和程序，尽可能达到良好的利益相关者参与效果。

二、利益相关者参与的原则

（一）尽早参与原则

较早地识别利益相关者并使他们第一时间参与进来，可以提高利益相关者参与积极性和主人翁责任感。因此，应当从规划过程一开始，就把利益相关者识别出来，按照图 2 - 1 的分类结果，明确各方利益代表，建立沟通对话机制，作为民族地区水资源税改革政策制定的内在参与者。利益相关者参与可以在效率和有效性等方面提高水资源税改革政策和税制制定的决策质量，而且可以确保决策获得当地社区等各利益相关方的切实支持。

（二）广泛参与原则

利益相关者分析是构建参与框架的首要步骤，不要把任何一个利益相关方排除在外。应当认识到，通过参与过程使所有利益相关方意见完全一致的情况也非常少见。尽管如此，利益相关者参与仍可以使决策过程最大可能透明，显著影响公众对政策措施的接受程度。职责明确和管理透明是促进利益相关者参与的决定性因素。NOLIMP – WFD① 的项目在瑞典古尔曼地区成立了一个水董事会，董事会成员由所有主要利益相关者组成，并且在项目结束后还继续开展工作②。参与本身可以让利益相关者提高能力和意识，在此基础上增进理解后，参与意愿也相应提高。另外，有力的利益相关者参与和协商可以改善协调和管理的效果。

（三）知识均衡原则

利益相关者参与有两个核心要素：受影响的公众参与决策过程，并且参与会在之后的决策中得到反映。参与不应该被用来掩饰自上而下的决策而流于形式化。利益相关者参与的结果高度取决于参与者自身，所能达到的参与水平既依赖单个利益相关者的资源，也依赖规划主管部门的初衷。事实上，不同利益相关者获取资源（如时间、资金、教育等）的程度各不相同。不同利益相关者参与能力有所差异，这表明开展能力建设和提供支持的必要性。由于存在这些基础能力不对称问题，需要开展能力建设，让各方尽可能处于同一水平线上。

我国对水法律法规的宣传往往注重形式且实效性差，社会水危机意识还较为淡薄。很多地方每年都搞水法宣传普及，可最终形式大于内容，用

---

① NOLIMP – WFD（水框架指令的北海区域和地方实施）是一个合作项目，涉及北海六个国家［丹麦、德国、瑞典、挪威、荷兰和英国（苏格兰）］的地区。所有这些国家在执行指令方面都面临类似的问题。因此，该项目的目的是通过在试点项目中应用其概念和程序来获取在地方和地区层面实施该指令的经验。

② ［瑞典］约瑟芬·古斯塔夫森等．欧盟利益相关者参与水资源管理手册——欧盟的实践与经验［M］．北京：中国水利水电出版社，2012：73.

水户仍然不知水资源费为何物、为何收，还有相当一部分群众认为水是天降禀赋，收水资源税或水资源费不合情理。

要使利益相关者有效参与，需要他们对相关问题有足够理解，从而可以在知情基础上对技术问题发表见解，并在必要时调整其自身行为。对利益相关者开展水知识方面的能力建设和教育，可获得以下三个方面成果：一是形成利益相关者对民族地区当前水资源问题及水资源税改革意义的认识基础；二是在宏观及长远层面上，帮助利益相关者增进相互信任，树立信心；三是在技术和机制层面上，构成坚实且科学的共同决策基础。

三、利益相关者参与的层次

利益相关者参与从程度上有不同的层次之分，根据表4－1所示，利益相关者参与可以分为说服、告知、协商、合作、授权五个层次，并呈现出一种参与程度的递进关系。

表4－1　　　　　　　　　利益相关者参与层次

参与层次	参与程度	意图	形式
说服	无参与	试图操纵看法	社论形式的付费广告、社论、特写报道、大会
告知	被告知决策结果	增强意识与支持	小册子、通信、插页、陈列、展览、简报
协商	影响决策	决策前双方均可投入、双向对话、独家决策	正式听证会、公众集会、小组讨论、大会、研讨会、顾问小组
合作	共同承担决策责任	联合决策、承担实施义务	解决问题的研讨会、调解、谈判、联合管理委员会
授权	承担决策责任	下放职责	公私伙伴关系

注：本表参考了［瑞典］约瑟芬·古斯塔夫森（Josephine·Gustafson）等著：《欧盟利益相关者参与水资源管理手册——欧盟的实践与经验》，北京：中国水利水电出版社2012年版，第15页，据其进行了适当修改和补充。

这五个层次的内容并非截然分开，而是层层逐级递进，并向前包容，即后边的层次中的权力大于前边层次的权力，后边层次的内容又包含前边几个层次的内容。民族地区水资源税改革的利益相关者参与，过高或过低的参与层次都可能偏离水资源税改革的理想效果。应该采取"协商"这个参与层次为宜，是在政府主导下的利益相关者参与和协商，不必要进入"合作"及"授权"层次。

四、利益相关者参与的主要阶段

利益相关者参与是一个长期有序的过程，主要包括利益相关者识别、建立关系网络、信息共享与能力建设、参与和有效性评估及调整几个基本阶段，民族地区地方政府在水资源税改革具体实施中可以根据自身情况进行丰富和变通。

（一）利益相关者识别及建立关系网络

为了启动政策规划过程中的公共参与，利益相关者分析和识别是极为重要的。民族地区水资源税改革的利益相关者识别在第二章已经充分论述。在识别的基础上，民族地区地方政府应建立水资源税改革的利益相关者工作委员会，进行利益相关者关系网络建设工作。

利益相关者网络建设是以让挑选的利益相关者参与进来为目的，要与被识别出、但尚未参与规划的利益相关者建立联系。利益相关者网络在成员方面要包括政府各层级的税务主管部门、水行政主管部门，还要包括各类企业代表、各类居民代表。此外，还可以包括相关民间团体、教育科研机构、媒体等间接利益相关者，也可以赋予其该项目的观察员身份，积极影响政策制定、实施及改进。利益相关者网络在机制方面要建立及时有效的信息系统。

（二）信息共享与能力建设

利益相关者网络建立后，要及时发布相关信息、数据等材料，开展多种层次、多种范围的利益相关者交流活动。在整个过程中，通过电视、电台、网站、移动终端等信息窗口向一般大众提供查阅相关文件的途径，举行一些专门的宣传和公关活动，宣传政策规划目标和愿景。早期发布数据和信息是建立信任的必要基础，也有利于提高操作过程的透明度。担心较早发布"未经验证的信息"，是管理机构常犯的错误。在参与过程初期就建立一种信任关系非常重要，共享信息是其中最基本的部分。提供科学知识在形成利益相关者对话中起着至关重要的作用，尤其是当它们涉及环境和可持续发展问题时。

能力建设的一般内容或因素，可包括提高公众意识（如为政策目标赢得广泛支持）、"关键技术"的非正式传输（如通过利益相关者之间的经验交流）以及正式培训等。能力建设的具体需求因区域或流域不同而不同，特别是因不同社会经济条件或水资源禀赋等具体问题而异。能力建设在利益相关者参与中具有非常必要意义，主要体现在以下四个方面：一是提高各利益相关者对项目问题共同认识的必要性；二是提高在经济部门和非政府组织之间，以及在政府官员、规划人员和管理人员之间进行能力建设的必要性；三是对处于同一流域内的地区或地区之间加强信息和经验共享的必要性；四是为各个地区能力建设活动分配足够人力资源和财力资源的必要性。

知识和意识对于支持公众积极参与至关重要，需要采取多重渠道、多种工具和多个知识包来影响利益相关者。利益相关者能力建设可通过举办研讨会、培训课程等形式进行。能力建设将减轻利益相关者和政府之间以及不同利益相关者之间的知识失衡，让各方普遍认识到当地水资源的问题和危机，以及对水资源税改革的共识。可以分别针对不同人群开发培训模块。

（三）积极参与

《欧盟水框架指令》中将"参与"定义为"允许人们影响规划和工作过程的结果"。积极参与的关键要素是使公众能够直接影响他们的事情发表自己的观点。小些的区域、流域或社区更容易使利益相关者直接参与决策，而较大地区开展公众参与将产生较大的需求差异。

良好的利益相关者参与过程应具备以下基本特征：一是参与过程的透明度，这是所有利益相关者参与过程的基础性主题；二是过程的开放性，取决于参与过程的结构对政治体制、利益相关者建议和其他投入的适应性；三是参与的程度，包括从完全单向提供信息到全面综合合作乃至利益相关者自主决定等不同程度（Gruning et al.，2008）[1]。由此形成了不同的利益参与者参与水平，从操纵利益相关者的兴趣一直到完全由社区自主控制，如图4-1所示。实际上，大多数项目或计划处于参与的中间水平，而且往往在整个项目或计划的不同部分或不同阶段可能并行存在几种不同的参与水平。

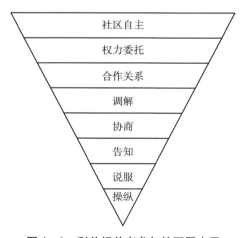

图4-1 利益相关者参与的不同水平

---

① Grunig, M., Brauer, I. and Gorlach, B. Stakeholder Participation in AquaMoney. AquaMoney Publication: Evaluation of Stakeholder Participation in the DG RTD Project, 2008.

利益相关者参与并不一定意味着受影响各方都积极参与，视情况不同，使利益相关者参与的策略可以有告知、开放决策过程、让公众承担决策或实施的责任等不同选择。在开展积极参与时，至少需要利益相关者参与，开展协商时，还需要公众参与。还可以对一些学术研究组织或团队赋予观察员身份，持有这一身份者可以积极参与相关过程，并积极影响决策。

（四）有效性评估及调整

利益相关者管理是一个长期过程，即使在政策制定完毕并落地实施后，也应该长期存续。这样做有以下两个方面的意义：其一，任何政策都难以一步到位，政策实施后仍会有诸多问题随着时间推移而逐渐浮出水面，待进一步修正政策并解决，因此需要利益相关者持续参与政策的评估和调整过程；其二，当水资源税改革政策评估及调整基本完成后，这些利益相关者仍可转换角色在相应机制下继续发挥作用，由水资源税改革利益相关者转变为水资源管理及保护利益相关者。

利益相关者参与是实现利益共容与增进的重要前提和基础。共容利益的存在就在于利益相关者之间利益具有一定正相关性和共容性。水资源税改革中利益相关者间的利益关系也表现为矛盾对立性和统一性共存的状态。要在看到差异和对立的基础上看到其统一性，这是利益能够共容的立足点。通过构建利益相关者参与机制，增进利益相关者的共同知识与意识，从对立面的统一中把握对立面，以达到水资源税改革共容利益的实现与增进。

第五章

体现共容利益的民族地区
水资源税制度框架

第一节　体现共容利益的民族地区水资源税
制度设计的指导思想

一、以民族地区水资源社会综合效用最大化为目标

我国水资源税改革的目标是"促进水资源节约、保护和合理利用"，其中"节约、保护"较易理解，开征水资源税必须以实现水资源节约和水生态保护为目标。水资源税制度设计应通过经济因素对纳税人利益进行引导和调整，进而影响水资源开发利用者的动机和行为模式，实现对水资源的节约利用和保护。但如何才算"合理利用"呢？如何把握其合理性呢？对一地方合理的制度和政策用到另一地方就未必依然合理。这也是水资源税改革需要因地制宜、细化完善的重要原因。站在民族地区角度看，"合理利用"这一目标要具体化为"水资源社会综合效用最大化"。

经济资源配置将效率视为核心，研究一种经济资源如何配置和利用主

要因为其稀缺性，不能完全满足人们对其所有需要，所以才有分析如何配置和利用该资源以尽可能实现其利益最大化的必要。传统经济学分析将生态资源忽视或排除在外，是因为彼时生态资源还不稀缺。当前，因生态性服务损失导致的效用损失，在边界上可能远远超过由其物质性生产要素利用给社会带来的物质效用增加，总体来看是降低了生态资源利用的社会总效用水平①。水资源是具有物质性产品和生态性服务双重用途的重要生态资源，在其生态性服务效用稀缺性日益增强的今天，仅仅着眼于物质性效用产出最大化绝非理性的选择。不考虑生态性服务价值的物质性产品最大化，最终带来生态性服务价值的最小化甚至丧失，导致社会总效用的巨大损失和物质性产品增长本身的不可持续性。因此，水资源税社会调节目标应该是通过其在两种用途间的配置，实现包括其物质性产品效用和生态性服务效用在内的社会综合效用最大化。

新的历史时期，水资源财政收入形式由费改税的调整源于对水资源定位的调整，水资源税符合新的职能定位。水资源兼具实物价值和生态价值，收税是实物价值和生态价值并重，侧重后者，这也是税作为政治权力体现的优势，可以根据现实条件变化调整职能重点。基于水这一自然资源的特殊性，对水资源税的职能不应该定位于所有权收益，而应该是保障水资源可持续利用这一共同利益。

任何忽视生态环境和破坏自然资源的经济发展模式都不是可持续发展。可持续发展体现在资源上，是以政策措施调节自然资源分配中的公平问题，既有代内公平又有代际公平，需要促进公平的制度结构和制度条件予以保障。水资源税的职能分为收入职能和弥补外部性职能：一方面，体现为对水资源开发利用主体产生的代内、代际负外部性征税，对应水的生态价值；另一方面，体现财政收入，对应水的实物价值。

税收由于其公共性和强制性成为促进可持续发展的重要引导工具。总

---

① 杨汉兵. 生态资源利用的利益相关者行为分析 [M]. 北京：经济科学出版社，2016：29.

体来看，我国民族地区水资源利用呈现总体开发过度、局部开发不足与开发过度并存的结构性非效率问题。例如，素有"中华水塔"之称的"三江源"地区，存在过度放牧和开垦问题。西南民族地区一些河流水系的水能资源开发不足，导致宝贵的水资源过多浪费在边际效用较低的生态服务上，缺乏由水电开发带来的经济增长。水资源税的制度设计要秉持可持续发展理念，以水资源社会综合效用最大化为目标，通过税种设定与实施、税率高低适度调节、税收优惠及减免等经济手段和措施，激励和引导利益相关者利用各种手段节约利用、保护水资源，以科学合理的水资源税收制度促进利益相关者的利益共容与增进。

二、以利益相关者的利益共容与增进为原则

水资源税改革的利益共容与利益增进在于生态利益与经济利益的同源同质性。同源性体现为生态利益和经济利益均来自人这个主体对水资源的需求，同质性是从利益的性质来看，表明生态利益和经济利益都是根源于人生存和发展的正当合理需要。因此，该正当合理性不仅体现在道德层面，还可以上升到法律层面。两种利益都从根本上反映人类需求的多样性，属于非对抗性冲突。只是，人对利益的看法和欲求产生了偏差，从而导致生态环境恶化。但是，随着人对生活质量更高的需要和追求，生态利益又成为追逐经济利益之后新的热点。从近年的《中华人民共和国可再生能源法》及《中华人民共和国循环经济促进法》等环境立法实践看，经济利益与生态利益的双重目标已经得以共容并实现，[①] 生态利益与经济利益完全能够在对立中实现统一和共赢。

以"水资源节约、保护及合理利用"为目的的水资源税改革，从结果看，表现为水资源物质性产品用途与生态性服务用途结构上的调整；从背后的相关利益主体看，表现为其利益结构的调整和重新均衡。利益相关者

① 穆治霖. 环境立法利益论［M］. 武汉：武汉大学出版社，2017：172.

在水资源物质性用途和生态服务用途方面，都具有冲突性和共容性。同时，生态服务用途方面的共容性越来越凸显，并逐渐跃升至矛盾的主要方面，使水资源税改革对利益相关者具有长期趋同的共容利益。

民族地区水资源税改革的共容利益成果，取决于其利益相关者各方的"共容性"。对其共容性的保障和促进是水资源税改革的原则，即水资源税制度设计上要以利益相关者的利益共容与增进为原则，具体表现在两个层面：其一，是以利益相关者参与框架制定水资源税改革制度的参与机制，影响制度成果；其二，是在税制要素设计中权衡利益相关者短期及中长期利益，促进制度实施。

利益相关者各方在水资源税改革中的利益诉求和协调并不是均势的。根据奥尔森的集体行动理论，采取有效的集体行动是利益组织获取集体利益或公共物品的首要条件。如果一个利益组织不能够采取集体行动以提供本组织需要的公共物品，那么该组织的共同利益就不能得到有效维护。然而，不能因为某利益相关者的"权力性"或集体行动能力不足，就将其排除出利益相关者参与机制之中。"在一个正义的社会里，平等的公民自由是确定不移的，由正义所保障的权利决不受制于政治的交易或社会利益的权衡"①。利益相关者的社会参与及合作机制本身就是一种值得追求的公共价值，并能在合作过程中确立善的观念。同时，这也意味利益相关者参与是共容利益实现与增进的途径和保障。因此，在民族地区水资源税改革中，地方政府须在中央政府的领导下，发挥其主导作用，搭建平台，建立机制，提供保障，将各利益相关者主体纳入并提高其知识、能力和权力，促进合理方案的出台及改革顺利实施。

可持续发展事实上也是一个利益相关者利益共容与增进的过程，且强调要在利益扩展和增进中更有效地实现利益分配公平和利益问题的解决。因此，要通过制定更多积极的鼓励性、促进性规则，引导水资源税改革的利益相关者树立积极态度，正确对待水资源生态环境保护与经济发展之间

---

① ［美］约翰·罗尔斯. 正义论［M］. 何怀宏等译. 北京：中国社会科学出版社，1988：2.

关系，通过利益增进为各方利益冲突的协调寻求新出路，着力扩大利益供给以增强利益的共容性。

三、利益相关者参与因地制宜设计地方特色税制

2016 年，《关于全面推进资源税改革的通知》中提出"适度分权"原则，各省级人民政府依据赋予的适当税政管理权，结合地方实际逐步推进资源税扩围，根据资源开发利用情况设计制订方案。以"适度分权"原则为背景的资源税扩围改革开始启动。

省级政府在"适度分权"原则下，对资源税的征收范围、计税依据、税目税率和税收优惠等要素具有资源税权，如表 5 - 1 所示。从性质上看涵盖了税收立法权、管理权和收益权。"适度分权"原则对民族地区水资源税改革具有重要意义。民族地区多为资源富集地区，是资源税扩围改革的重点区域。对于不同水资源禀赋的民族地区，要因地制宜展开水资源税改革并设计适宜的水资源税税制。河北省作为首个试点省份，代表了典型的水资源短缺地区，总结其试点经验，将可适当推广到同类水资源缺乏地区，却不适宜将其经验向其他非短缺地区推广使用。对于水资源禀赋优越的地区，实行较低的税率可能更适合该类地区实际。此外，我国幅员辽阔，水资源分布极不均衡，即使同一个省份内部也有很大差异。例如，内蒙古呼伦贝尔总面积为 25.2777 万平方千米，占自治区总面积的 21.4%，水资源总量为 316.19 亿立方米，占自治区水资源总量的 56.4%。水资源税作为对水资源、生态及社会经济调节的手段，具体税制方案设计必须立足于各地实际情况及利益相关者的利益诉求。另外，各地经济发展水平不同，纳税人对水资源税的承受程度也相应不同，要考虑各个地区的经济水平和承受能力。这些都要求水资源税试点改革要因地制宜设计和实施，不符合实际的税制会引起利益相关者更多抵触和不配合。《关于全面推进资源税改革的通知》赋予省级政府较大的税收事项决定权是符合实际的。

表 5 – 1   "适度分权"原则下的地方资源税权

税制要素	执行主体	内容	监督	税权性质
征收范围	省级人民政府	对扩围提出具体方案建议	报国务院批准后实施	税收立法权
计税依据	省级人民政府	对未列举名称的其他非金属矿产品，按照从价计征为主、从量计征为辅原则，确定计征方式	—	税收管理权
税目和税率	省级人民政府	对列举名称的资源品目，在规定的税率幅度内提出具体适用税率建议	报财政部、国家税务总局确定核准	税收立法权
		对未列举名称的其他金属和非金属矿产品，确定具体税目和适用税率	报财政部、国家税务总局备案	
税收优惠	省级人民政府	对低品位矿、尾矿等，确定是否减免税，制定具体办法	—	税收收益权

    民族地区大多地域广阔，多分布于边疆地区，地形地貌、资源分布、人文历史等因素更为复杂，人口相对较少且分散，经济发展相对落后，不同地域的资源禀赋、产业分布、城市发展规模不同，这些因素都会影响到水资源税政策的制定和执行效果。在水资源费改税试点的过程中，省级职能部门应及时收集来自基层部门的反馈意见，并经过调研论证后调整、细化当地的水资源税实施细则，增加税收征收效果与制度制定初衷的一致性。内蒙古地区制定的《内蒙古自治区水资源税征收管理办法（试行）》相较于其他试点省份在一些条款上更加细致，但内蒙古各种情况差异较大，在制度执行过程中仍然会出现实际执行效果与制度制定初衷相悖的情况。例如，前述内容中提到的"疏干排水"导致呼伦贝尔市房地产成本增加较多的问题，在一般地区就不会出现，政策在细节上还有待结合实际进一步完善。内蒙古地域辽阔，人口、企业较为分散，呼伦贝尔市则更为突出，供水管网铺设难以覆盖较为偏远地区，一些国有林场、牧场形成的聚集区也只能取用地下水，包括一些离市区较远没有在供水管网内的供暖企业，原本就保本经营甚至亏损，在费改税后又增加了较高的用水成本，不

利于保障民生。应根据当地实际情况，进一步摸清水资源费改税对公益性企业的影响，进而在水资源税实施细则修订中增加对公益类企业的优惠条款。此外，从实施的情况来看，有些政策还需要完善和改进，如某些地区没有江河湖泊等地表水源，自来水厂及其他企业不得不开采使用地下水，因而需要缴纳 3 倍于地表水的税额，这些税费最终会被分摊到用户身上[①]。

《关于全面推进资源税改革的通知》中，仅对水资源税改革各方面问题做了原则性规定，但实际改革中会遇到部门工作调整、人员安置、人员及办公经费、征收对象及征收标准等难题，这些问题都要在"适度分权"原则下，授权地方探索解决方案并积累经验。充分赋予试点地方改革自主权，意在调动地方主动性，破解水资源税改革中的难题。因此，在水资源税改革中，民族地区更加需要充分发挥主体性，因地制宜，摸清资源家底及相关情况，构建出适合本地实际的制度、措施和模式，以达到改革预期目的。目前 10 个试点省份差异性、代表性较强，河北、山西、内蒙古、北京、天津 5 个省区市属于地下水超采严重地区，供需矛盾尖锐；其他 5 个省份分布在东部、中部和西部，水情各异，水资源税制度设计上均体现出一定地方差异。试点省份的经验将对未来水资源税改革全面推广作为有益的借鉴。

此外，民族地区与其他非民族地区的区别还包括民族文化的差异。在制定与实施水资源税改革政策过程中，要尊重民族文化并将利益相关者纳入参与程序，这样将有利于少数民族社区利益相关者参与并促进改革实施成效。

 ## 第二节　体现共容利益的民族地区水资源税制

我国水资源税改革的目标是"为促进水资源节约、保护和合理利用"。

---

① 胡建兵．"水资源税"作用初显　具体征收仍需细化［N］．中国商报，2018 - 4 - 24（2）.

水资源税作为具有生态价值的资源税，其性质和主体职能与改革目标是一致的。水资源税应该作为一种特定目的税，其目的应与国家水政策目标一致。因此，水资源税制度的要素设计要能够保证其预定目标的实现。从一定程度来说，目前的试点方案基本上是按现行水资源费征收标准进行的"平转"，因此，现在试点的水资源税是原水资源费的继承与发展①。税收的调节作用依赖于税制各要素的协调②，而目前水资源税试点方案中的征税规则不足以实现对节约水资源的调节③，其中存在的一定问题，需要从共容利益角度进一步完善和改进。

一、纳税人及征税对象

纳税人即纳税义务人，也称为纳税主体，是税法中规定的直接负有纳税义务的单位与个人，为税收制度的基本要素。水资源税的纳税人是水资源税改革中的主要利益相关者，对于水资源税改革共容利益的实现与增进具有决定性意义。

在纳税人的确定上，可供选择的方案有二：一是对所有企业和居民都征税；二是只针对直接开采水资源的经济主体征税。水资源税的职能定位主要是矫正负外部性以达到水资源可持续发展的目的。同时，我国全社会普遍存在水资源保护意识薄弱问题，提高全民水资源保护意识和利用效率的任务也很紧迫。此外，农业用水占全社会用水总量的六成以上，应是水资源税调控的重要内容。因此，宜将所有开采和使用水资源的企业及居民都作为纳税人。这样做有以下三点优点：一是有助于水资源税调控作用发挥，能普遍提高节水意识和效果；二是能体现税收的公平性和普遍征收原

---

① 陈少克，王银迪. 水资源税的性质与我国水资源税制的发展与完善 [J]. 税务与经济，2018（4）：99.

② 陈少克，陆跃祥. 税制结构的性质与中国税制改革研究 [M]. 北京：经济科学出版社，2013：70－76.

③ 陈少克，王银迪. 水资源税的性质与我国水资源税制的发展与完善 [J]. 税务与经济，2018（4）：102.

则；三是实现水资源税改革的利益相关者主体与《中华人民共和国水法》保持一致，有助于增强改革的决策和实施的内在动力，实现利益相关者的利益共容。因此，水资源税的纳税人不仅包括在该民族地区辖区内"利用取水工程或设施直接开采和取用江河湖泊（含水库）地表水、地下水的单位和个人"，还应包括从供水管网用水的单位和个人。

"应收尽收"是我国"依法治税"的实践原则，也是统筹税收与经济协调发展、充分发挥税收职能作用的前提和保证[①]。要从源头强化对纳税人识别和管理，在起始环节加强对税源的监控与管理及依法征税的力度。水资源税改革中，纳税人取用水信息移交工作是重要环节之一，但在这个环节中"暴露出个别市县底数不清、移交不全面、工作进度之后等问题"[②]，这些问题的解决需要对纳税人的范围及资格进行全面核查，确保无遗漏，应收尽收：一方面，将已获得用水许可证的农业、工商业、城镇公共供水、特殊行业和其他各类用途取用水户都纳入水资源税纳税人管理；另一方面，要对尚未办理取水许可证但符合缴纳水资源税标准的各类取用水户纳入水资源税纳税人管理，对非法取水户加强管理。税务部门与水行政主管部门是水资源税改革的重要利益相关者，水资源税纳税人取用水信息移交及核查工作需要各级水行政主管部门与税务部门沟通协作，建立联动工作机制。为保障两个职能部门的密切合作及高效配合，既要对二者的工作范围、职责、权利、义务进行明确规定，又要对因改革而导致的合理利益损失或缺位进行确当的保障，以提高其工作积极性。

《水资源税改革试点暂行办法》要求纳税人应按规定申领取水许可证。调研中发现，取水许可证过高的办理费用和较低的办理效率是制约中小型企业转变为水资源税正常纳税人的主要因素，3 倍征收也成为"无证"取水企业难以承受的巨大负担，且容易引发税企征纳矛盾。可以考虑对"3

---

① 李俊英. 全面认识"应收尽收"——关于税收执法问题的思考［J］. 中国科技信息，2006（20）：203.

② 河北省水利厅关于加快水资源税纳税人取用水信息移交工作的紧急通知，冀水资［2016］78 号，http：//www. hebwater. org. cn：8081/webpage/NewsText. aspx？NEWSID＝267&ID＝4。

倍征收"政策执行进行暂缓，设置合理过渡期。联合利益相关者及各相关部门、第三方机构进行协调，如可以采用同区域企业共享水资源论证报告书等做法，合理降低取水许可证办理费用。同时，提高办理审核效率，推动更多中小企业尽快转变为合规水资源税纳税人。

居民和供水企业是水资源税的重要纳税人。陈少克和王银迪（2018）对于水资源费改税前后对居民和供水企业的影响做了分析，认为在征收水资源费的条件下，居民水价中内含着水资源费（以昆明市为例，如表5-2所示），即供水企业通过在水价中加入水资源费的方式将水资源费负担传递给用水户；按水资源税试点改革对纳税人的规定，用水户不直接取水因而不是水资源税纳税人，同时供水企业也不再是水资源税的扣缴义务人，因此不能在像从前一样直接在水价中加入水资源税转嫁给用水户。另外，在居民用水负担不变的平转原则下，供水企业也很难实现水资源税负担的转嫁。因此，当前水资源税改革的制度实施将不可避免地导致城镇公共供水企业等类似民生行业税负的增加[①]。例如，天津市规定"城镇公共供水企业销售自来水，向用户开具票据时，不得标注水资源税或者水资源费改税字样"。内蒙古自治区规定"企业之间在城镇公共供水产供销环节上发生的售水行为，由最终将水资源销售给用户的城镇公共供水企业缴纳水资源税"。

表5-2　　　　　　　　　　**2017年昆明自来水价构成**　　　　　　　　单位：元

项目	金额
原水费	0.2
水资源费	0.23
还贷基金（城市基础建设基金）	0.9

---

① 陈少克，王银迪. 水资源税的性质与我国水资源税制的发展与完善 [J]. 税务与经济，2018（4）：102.

项目	金额
水利工程费	0.02
排污费	居民 1.0，企业 1.85
制水成本、收费成本、消耗、投资回报等	—

资料来源：2017 年通过调研昆明自来水集团有限公司获得。其中水利工程费是根据《云南省人民政府关于随用电量征收地方水利建设基金的通知》（云政发［2016］108 号）征收，收入全额缴入省级国库，专项用于滇中引水工程建设。

　　征税对象也即纳税客体，是税法要素的重要组成部分，表现为对什么征税的质的规定①，主要是指税收法规中征纳双方权利和义务所共同指向的对象。

　　《水资源税改革试点暂行办法》规定："水资源税的征税对象为地表水和地下水。地表水是陆地表面上动态水和静态水的总称，包括江、河、湖泊（含水库）、雪山融水等水源。地下水是埋藏在地表以下的各种形式的水资源。"但《规定》并未对地下水的内容和类别再进行明确的规定，从字面理解"埋藏在地表以下的各种形式的水资源"应该包括矿泉水、地热水等有资源属性的自然水，但在不同省、市、自治区的文件中产生了差异，如前文所述也因其属性不同而"分饰两角"，在水资源税征收过程中产生了分歧和混乱。如河北省对矿泉水、地热水是否纳入水资源税没有明确规定，内蒙古则明确为"对地下热水、矿泉水征收矿产资源税，不征收水资源税。"宁夏也规定"水资源税的征税对象为地表水和地下水，不包括地热和矿泉水。"从实际情况看，地热水、矿泉水用水总量并不大，但在水资源税已经列入资源税征收名录的情况下，不对地热水、矿泉水征收水资源税，在一定程度上割裂了水资源的统一管理。因此，地热水、矿泉水也应纳入水资源税征收范围，从国家层面尽快统一对矿泉水生产企业和使用地热水的温泉、洗浴等既涉及矿产品资源税，又涉及水资源税的行业

---

① 刘剑文．财政税收法［M］．北京：法律出版社，2003：203.

的征税问题。这样既可以实现水资源统一管理、统一征税，降低管理成本，加强对国家资源保护和合理利用的效果，又是对该类企业利益的明确和保障。可将涉及地下水资源的开发、保护、管理相关内容交由《中华人民共和国水法》及相关法规进行规定和执行，《中华人民共和国矿产资源法》仅负责对地下水资源勘查的规定，划清不同法律法规对地下水资源的管理界限，以避免重复管理和征收，消除因地下水资源双重属性引发的不同法律法规的立法冲突问题①。

目前，对于农村集体经济组织水资源不征收水资源税。长远来看，公共供水管网会逐渐覆盖到更大范围，包括近郊农村。在此前提下，对公共供水管网覆盖到的农村集体经济组织的水资源，也应该考虑为其办理取水许可证并征收水资源税，以实现水资源税的调控目的。柳长顺（2012）认为，根据集体水资源目前的使用情况，可以简化办理取水许可办的手续并延长取水许可的年限②。将农业用水户逐步纳入水资源税征税对象，使其纳税人身份与利益相关者身份统一，是理顺整体利益关系及水资源可持续发展的必要选择。

二、价税分离下从量为主的计征方式

资源税的计征方式一般有从量定额计征和从价定率计征方式。其中，从量定额征收是以资源开采量或销售量为计税依据，实行定额征收的方式，是我国从 1994～2010 年采用的征收方式。从量定额征收优势在于征管简易、成本低，但不能实现税收与资源价格联动。从价定率征收是以资源的销售价格作为计税依据，并设定相应税率以计算应缴纳税额的计征方式，目前普遍应用于对矿产资源税征收。从价计征实现税收与资源价格联动，可充分发挥税收的经济杠杆作用，缺点是征管工作较复杂、成本高。

---

① 冯铁栓，熊伟. 资源税扩围语境下立法模式论析 [J]. 江西财经大学学报，2018（5）：114.

② 柳长顺. 关于创新"集体水资源"管理制度的初步思考 [J]. 中国水利，2012（19）：24.

同时，从价计征针对的仅是已售出的资源，已开采而未出售的资源则因尚无成交价格而并不需要纳税，这一点将可能导致资源盲目开采和浪费。

从量计征和从价计征两种方式在调节作用和调节目方面存在一定差异。从价税对资源开发利用的调节作用主要体现在，伴随价格涨跌和经营者销售收入水平的变化而相应变化，其调节作用的着力点是基于价格的货币因素[1]。从量税则是以税收手段对征税对象进行的基于数量的宏观调控和政策引导[2]。

水资源是人类生活、生产不可替代的自然资源，在一定限度内可以循环再生，属于可再生的非耗竭性资源。此外，人类总体上对水资源的需求和使用量相对较为稳定，使其价格难以剧烈波动。因此，水资源具有与矿产资源差异较大的独特性，其计征方式还需要从实际出发，制定合理的计税依据，这对于水资源税利益相关者利益共容也有促进作用。

《水资源税改革试点暂行办法》规定，水资源税实行从量计征。水力发电和火力发电贯流式取用水量按照实际发电量确定，其他取用水按实际取用水量确定。因此，目前水资源税普遍是从量计征的，这也符合"税费平移原则"和当前实际情况。我国的用水价格在水资源费改税前主要由供水价格、水资源费和污水处理费等部分组成。从目前水资源税改革的10个试点看，各省区市均继承了原先水资源费的计征方式——从量累进计征。而且我国水资源税改革试点与矿产资源税改革相似，都采取了价税合一或租税合一形式。对于当前水资源税改革采取的从量计征方式，很多学者有不同观点，主要是认为从价计征不能发挥价格机制调节水资源利用的功效，在资源税改革由从量计征向从价计征转变的大方向下，水资源税作为资源税下的税目，也应实施或逐步转为从价计征。但相关研究并未给出进一步的分析和解释，其"观点在很大程度上受我国对矿产资源征收资源税的计征方式改革的影响""回到了矿产资源实行从价计征的老路，其实

---

① 李慧玲，胡词敏. 我国水资源税计征方式研究［J］. 河南财经政法大学学报，2018（6）：39.

② 黄凤羽，黄晶. 我国水资源税的负担原则与CGE估算［J］. 税务研究，2016（5）：49.

质是为了更多地实现筹集财政资金功能，而忽视了其主体功能"①。

如前述内容分析，水资源税的主体职能已明确定位于促进水资源的合理开发与节约利用，而非增加财政收入。李慧玲和胡词敏（2018）认为，如何选取水资源税的计征方式，与水资源税的主体职能定位密切相关，如将水资源税的主体职能定位为增加财政收入，就有理由采用从价计征方式，并且在价税分离的前提下探讨水资源税的计征方式更能凸显其优越性②。实行价外征收，将税收政策的影响直接传导至终端客户。目前，内蒙古试点实行了"价税分离"，规定"按照税费平移原则对城镇公共供水企业征收的水资源税纳入用水户的综合水费，不计入自来水价格，不作为增值税计税依据，不增加居民用水负担和城镇公共供水企业负担"。为更好实现税收传导效应、水资源保护效果及利益相关者利益共容，其他试点省区也应在"价税分离"下，明确水资源税不合并入城市用水价格之内，实行价外征收。这样既能使水资源税未来可以在价外机制下灵活调整，无须经过听证会导致调整滞后，保障税收杠杆作用及时发挥，又能避免水资源税在水价内征收并纳入增值税税基带来的"对税征税"③问题，有助于将税收政策及时传导至终端用户，更好地发挥税收的杠杆调节作用④。

在价税分离的前提下，从量计征方式不仅相对简便，能准确反映资源使用量与税收负担之间的线性关系，激励取用水户提高用水效率，充分实现其主体职能，又能实现税收效率和税收公平。这一调节功能也不因水资源价格变动而改变。采取从量并累进计征，更能促使取用水户尽量控制在核定计划用水指标范围内取用水资源，避免超计划用水的加倍征税。

水资源税采取从价计征法存在技术难度大（主要涉及水资源税征收环节的确定和水资源价格的确定）、征管困难、易导致不公平现象，甚至会

---

① ② 李慧玲，胡词敏. 我国水资源税计征方式研究［J］. 河南财经政法大学学报，2018（6）：39.

③ 以昆明市居民自来水价为例，2017 年居民水价为 2.53 元/立方米（其中含 0.23 元水资源费），需按税务简易征收缴纳 3%的增值税，这就意味着 0.23 元的水资源费（改革后为水资源税）为重复征收。

④ 李维星. 我国水资源费改税政策评述［J］. 中国物价，2018（8）：61.

影响低收入群体负担的弊端①。从国际经验来看，水资源税或水资源费的征收采用从量计征方式是绝大多数国家的现实选择。在纳税人不能够准确提供取水量或发电量的情况下，可比照同类单位或个人的取水量或发电量核定计征，或者按照税务部门确定的折算系数换算计征。

从水资源类型看，地表水、地下水采用从量定额征收的方式是符合实际的。而地热水、矿泉水由于具有特殊的商业价值，价格差异大，完全由市场决定，可采用从价定率征收的方式。

改革后，部分试点省区市根据各地供水管网建设与维护情况，衡量了水资源在加工、运输过程中的合理损耗率，在水资源税计量公式中科学地引入了"损耗"概念，按照实际取水量并考虑合理损耗率向企业收取水资源税。这种从实际出发的做法，在维护纳税人利益的基础上可以促进利益相关者的利益共容。

水资源税从量计征在执行过程中还产生了一些具体问题，如地方政府尤其是基层政府对水资源检测设备及设施配备不足，将明显影响水资源税的征收率，这对地区间税负公平性提出了挑战。河北在试点以来，虽然政府投入力度加大，但还存在较为严重的配套工程、设施、设备不足的问题，全省水计量设施及地下水开采信息化检测设施安装率较低，势必影响从量计征的征收率和准确性。民族地区经济水平和财力相对薄弱，州市一级水行政主管部门还能配备计量检测设备，但旗县级就不能充分配备，还需中央及地方各级财政加大投入，确保基础设施、设备配置，形成覆盖较为全面的水资源监控体系，保障水资源税改革有效推进。

三、差别、动态税率

税率是计算对征税对象征收税款的比例或额度，是衡量税收负担轻重的重要标准。我国现行税率的形式主要有比例税率、超额累进税率、超率

---

① 胡词敏. 对水资源税计征模式的思考［J］. 河北企业，2018（9）：91-92.

累进税率、定额税率四种。在征税对象及其他条件既定的前提下，税率设置的高低对纳税人税收负担的轻重和政府财政收入有直接影响。设置一个合理水平的税率十分重要，是水资源税改革利益共容的要求。过高或过低的税率都不好，税率过高会产生明显的调控效果，但也会出现对社会经济的负面作用，税率过低则不能保证对水资源保护的效果。总的来说，应该在综合考虑纳税人合理负担及公平性和水资源税调控效果的基础上，适时与社会经济发展同步提高税负水平。

水资源税改革前，民族地区水资源费额标准也普遍较低（见表5-3），不能达到有效水资源保护的目的。高萍和殷昌凡（2016）从水资源费占自来水单价比重、城市水费占人均可支配收入比重、水资源费占企业负担比重三个角度对水资源费负担水平进行了评估，认为我国水资源费的负担普遍偏低[1]。水资源税改革试点基本上"平移"了水资源费的征收标准，因而也继承了标准偏低、调节能力偏弱的缺点[2]。

表 5-3 　　　　　　　　　　**2017 年民族地区水资源费征收标准**　　　单位：元/立方米

省份	地表水			地下水		特业	发电
	生活	工业	农业	工业	生活		
内蒙古	0.08 ~ 0.1	0.4 ~ 0.5	0.03	1.5 ~ 5.0	0.08 ~ 0.1	3.0 ~ 4.0	0.003 ~ 0.006
广西	0.1	0.1	免征	0.2	0.2	—	0.001 ~ 0.085
云南	0.10 ~ 0.25	0.15 ~ 0.30	免征	0.25 ~ 0.50	0.20 ~ 0.40	—	0.015 ~ 0.02
贵州	0.06	0.08	0.04	0.12	0.12	0.16 ~ 0.32	0.004 ~ 0.007

---

① 高萍，殷昌凡. 设立我国水资源税制度的探讨——基于水资源费征收实践的分析 [J]. 中央财经大学学报，2016（1）：26-28.
② 陈少克，王银迪. 水资源税的性质与我国水资源税制的发展与完善 [J]. 税务与经济，2018（4）：102.

续表

省份	地表水			地下水		特业	发电
	生活	工业	农业	工业	生活		
青海	—	0.05 ~ 0.1	—	0.1 ~ 0.2	—	0.4 ~ 0.8	0.004
宁夏	0.15	0.15	免征	0.3	0.2	1.0 ~ 2.0	—
西藏	0.05	0.1	—	0.2	0.08	—	0.003 ~ 0.005
新疆	0.05 ~ 0.06	0.5 ~ 0.6	0.005 ~ 0.16	1.0 ~ 1.2	0.09 ~ 0.12	4.0 ~ 9.6	0.004 ~ 0.2

资料来源：根据各地水资源费有关法规政策整理而成，截至2017年9月5日。

目前，试点省区市的水资源税税额标准的划分还普遍偏粗，在执行中不能适应本地区的区域差异，尤其是地域更为宽广的民族地区，在实际执行中就更显得难合实际。如内蒙古自治区，在之前征收水资源费时，征收标准还分为"一类地区"和"二类地区"，并且在不同行业类型用水中有进一步细分，操作较为明确细致。但费改税之后，既没有了地区类型区别，行业类型划分也较原来粗了一些。调研过程中，呼伦贝尔市税务局也反映征收标准不细致、不明确的问题。不细致的税率标准在实际操作中会产生较多不适应性问题，也会导致相关利益主体受到较大的利益调整偏差，不利于水资源税改革的推进和效果。如表5-4所示，除山西、山东、内蒙古自治区外，其他7个试点省区市在国家指导下对地表水与地下水、行业类型分类的基础上，还做了进一步的税额标准划分，主要分为以下三大类。

表 5 – 4 试点省区市水资源税税额标准细化情况

省份	细化的税额标准划分
河北	（1）设区的市。 （2）县级城市及以下
北京	（1）城六区。 （2）其他区域
天津	（1）全部区域。 （2）一类区域（包括市内六区、环城四区、滨海新区、武清区、静海区）。 （3）二类区域（包括蓟州区、宁河区、宝坻区）
河南	（1）省辖市。 （2）县市
山西	—
山东	—
陕西	（1）关中、陕北。 （2）陕南
四川	（1）全省范围。 （2）成都、绵阳、德阳、自贡、内江、资阳、乐山、遂宁。 （3）南充、广安、眉山、雅安、宜宾、泸州、攀枝花。 （4）达州、巴中、广元、甘孜、阿坝、凉山
内蒙古	—
宁夏	（1）地表水：①自流灌区（含库灌区）；②扬水灌区。 （2）地下水：①山区；②川区

资料来源：根据各省区市相关文件整理。

（一）按一般性行政区划分类

河北分为"设区的市"和"县级城市及以下"两类；北京分为"城六区"和"其他区域"两类；河南分为"省辖市"和"县市"两类。

（二）按地域分类

天津分为"全部区域""一类区域（包括市内六区、环城四区、滨海新区、武清区、静海区）"和"二类区域（包括蓟州区、宁河区、宝坻区)"三类；陕西分为"关中、陕北"和"陕南"两类；四川分为"全省范围""成都、绵阳、德阳、自贡、内江、资阳、乐山、遂宁""南充、广安、眉山、雅安、宜宾、泸州、攀枝花"和"达州、巴中、广元、甘孜、阿坝、凉山"四类。

（三）按农业生产用水类型分类

宁夏将农业生产用水按地表水和地下水分为两大类，又将地表水分为"自流灌区（含库灌区）"和"扬水灌区"，将地下水分为"山区"和"川区"，各类中又按"粮食作物"和"经济作物及水产养殖"区分。

比较来看，没有进一步细化及按一般行政区划分类的省区市，在执行中显然不能很好照顾不同区域的差异，会一定程度导致征收不公平，影响利益相关者利益共容。而后两种按地域分类和按农业生产用水类型分类则较好照顾到地域实际差异，在执行中能够得到更多纳税人及利益相关者支持，有利于促进利益相关者的利益共容。

从水资源税改革的利益相关者角度出发，民族地区的水资源税率制定应该符合利益相关者的共容利益，即应在利益相关者积极参与的基础上，因地制宜灵活合理地设定水资源税税率。水资源税税率标准的设定应遵循以下三点原则。

其一，兼顾水资源禀赋条件和经济社会发展水平，制定差别的水资源税税率征收标准。充分考虑各地水资源禀赋和不同水期丰缺程度，兼顾社会公众承受能力和企业生产成本。

我国东中西部和南北方的经济发展水平因资源、地理及交通等因素不同，存在较大差异，既产生对水资源、水生态环境损耗程度差异，也导致经济社会承受能力不同。在经济不发达地区，如果取用水单位的经济承受能力较弱，且在经济发展过程中对水资源、水生态环境的耗损较轻，可以设定低于经济发达地区一定程度的水资源税征收标准，征收标准的差异程度应结合全国水资源税水平及当地实际情况而定。

鉴于水资源税的立法宗旨首要是加强水资源保护，水资源税率水平可只设定下限，不规定上限，由民族地区地方政府因地制宜设定和调整。高萍和殷昌凡（2016）建议水资源税税率下限应根据各地经济社会发展水平、水资源现状等分省或分区域设定，并根据国家发改委发布的"十二五"末各地区水资源费最低征收标准及各省区市自来水水价的10%设定，作为各省区市水资源税最低征收标准①。

我国地域广阔，地理条件和气候复杂多变，各地水资源呈现非常不均衡的时间和空间分布差异。因此，要依据各地水资源现实条件，掌握水资源税对取用水户等利益相关者的负担及可能产生的影响，制定与当地水资源现状和经济负担相适应的税率标准，保障发挥水资源税经济调控效应的同时，促进利益共容。例如，荷兰的水资源税税率分为固定部分和弹性部分，各地方政府因地制宜设定弹性部分税率。陈丹和马如国（2019）提出，在宁夏引黄灌区，受引黄灌溉和黄河水顶托双重影响，地下水水位普遍偏高，长期以来存在土壤盐碱化问题。为有效解决这一问题，宁夏采取了很多措施，其中就包括鼓励取用浅层（距地面小于70米）地下水，以降低地下水水位和土壤盐碱化程度。水资源税改革后，按照《宁夏回族自治区水资源税改革试点实施办法》，使用地下水的税额标准远高于使用公共供水的税额标准（非超采区公共供水管网覆盖内取用地下水税额标准为3.3元/立方米，超采区公共供水管网覆盖内取用地下水税额标准为6.6元/立方米，公共供水税额标准为0.5元/立方米）。这势必会导致取用水单位关闭浅层地下水井而取用公共供水。而城市公共供水大多取自深层地下水，这与水资源税改革导向不符。建议下一步全国范围内统一开征水资源税时，充分考虑地区实际情况，允许地方实施差别化水资源税政策，对引黄灌区井深小于70米的浅层地下水从低确定税额标准。

考虑到利益相关者实际负担和接受情况，在税率设定上可选择逐年渐进递增的形式。尤其对企业来说，技术更新和设备替代都需要时间，采取

---

① 高萍，殷昌凡.设立我国水资源税制度的探讨——基于水资源费征收实践的分析［J］.中央财经大学学报，2016（1）：30.

渐进递增的税率能给企业和消费者都增加一个缓冲过程。例如，德国在税率上就应用了渐进模式，既给予纳税人以适应的过程，还给予纳税人较强的刺激和引导作用。

其二，统筹水源差别、行业差别以及水资源开采对生态环境的损害成本，制定差别的水资源税征收标准。《水资源税改革试点暂行办法》规定："按地表水和地下水分类确定水资源税适用税额标准。地表水分为农业、工商业、城镇公共供水、水力发电、火力发电贯流式、特种行业及其他取用地表水。地下水分为农业、工商业、城镇公共供水、特种行业及其他取用地下水。特种行业取用水包括洗车、洗浴、高尔夫球场、滑雪场等取用水。"试点各省区市应在上述指导性分类基础上，结合本地水资源现状、产业结构及其调整方向，进一步拟定合理的细化分类。

据水资源类型、用途等制定差别税率，税率设计应遵循以下原则：①地下水高于地表水。我国地下水过度开采，超采城市近60个，地下水位持续下降，对社会和生态带来一系列威胁，地下水亟须涵养保护。②工业用水高于生活用水。工业企业用水量较大，适度提高征税标准能够倒逼企业采用新技术、节水设备、重复利用等方式实现节水目的。③农业用水实行超限额征收。尽管国家为促进农业发展推出系列扶持措施，但农业用水全社会占比在60%以上，存在严重浪费。应在保障农业基本生产的前提下，确定适当免税用水额度，超限额用水部分征收水资源税，实现税收调节和引导作用。④特种行业用水实行高征收标准。特种行业，如洗车、洗衣、洗浴、游泳、戏水乐园等，属于用水大户，对这些行业执行高标准税率可以引导其节约用水，减少浪费。以江西南昌为例，其特种行业范围规定比较全面，包括宾馆（饭店）、洗浴（桑拿）、游泳池、洗车，足浴、美容美发、茶楼、饮料、纯净水、啤酒等。

此外，要合理制定水能资源利用的水资源税率。水电是目前唯一可以大规模开发、技术经济成熟的可再生资源。一些水电枢纽采取了诸如阶梯级水电站等多种充分利用水能资源的方式。阶梯级水电站是对同一水资源的充分利用，可以按照水电厂装机容量将水资源税征收标准自上而下分为不同等级，以鼓励梯级水电站建设和开发，提高资源利用效率。一些水电资源较丰富的省区市已经出台包括水资源收费等相关政策，大力鼓励水电梯级开发。例如，贵州 2007 年发布的《关于调整水资源费征收标准的通知》规定，对同一业主在同一条河流（干流）上的各梯级水电站，水资源费缴纳标准按 $1 \sim 0.08N$（N 为梯级序列数）递减计算。海南同年也发布了《关于调整水资源费收费标准的通知》，规定梯级水电站中复用上级水电站发电尾水发电，减半征收[①]。

其三，探索建立水资源税税率标准的动态调整机制。水情和社会经济发展都是动态的，因此科学合理的水资源税征收标准也应该是动态的。应将利益相关者参与机制常态化，定期收集反馈信息，根据各种现实形势变化，及时对水资源税率进行动态调整，以达到利益相关者共容利益的维持与增进。完善的水资源税率标准结构应该是动态的，主要体现在因势、因时、因量而动态调整。总体来说，缺水区应高于丰水区，枯水期应高于丰水期，超额取水应高于计划内取水等[②]。当然，水资源税税率标准也不宜调整过度频繁，各地可根据实际规定调整频度。

四、纳税环节、地点和期限

（一）纳税环节

纳税环节，是指对水资源开发利用全过程中的某个环节征收税款。从水资源抽取到最终处置整个过程看，理论上，可以征税的环节有五个，即"抽取""生活和生产""产品""消费""处置"，如表 5 – 5 所示。

---

① 郑昕. 当前我国水资源费征收存在的问题及对策建议——基于福建省的分析［J］. 价格理论与实践，2009（5）：40 –41.
② 王敏. 中国水资源费征收标准现状问题分析与对策建议［J］. 中央财经大学学报，2012（11）：24.

表 5 - 5 水资源税纳税环节

纳税环节	一	二	三	四	五
环节名称	抽取	生活和生产	产品	消费	处置

第一环节是水资源"抽取"环节。我国《水资源税改革试点暂行办法》规定：水资源税纳税人是"直接从江河、湖泊（含水库）和地下取用地表水、地下水"的单位和个人，我国目前水资源税的征纳环节为水资源的"抽取"环节。可以通过征税提高开采成本或用水成本，既有利于从源头减少水资源使用数量，提高使用效率，又与现行资源税的基本征税环节保持统一。这样设置纳税环节，忽略了一个问题，即没有将不直接抽取水资源的用水户纳入，对自来水厂增加了资金预付和成本的压力。自来水厂大多是政府补贴的社会福利性企业，属于市政工程服务项目，是取水大户。在抽取水资源环节征收水资源税，需要自来水厂预付税金，增加经营资金负担，不利于经营运转，可能影响居民生活用水。

第二环节是"生活和生产"环节，对该环节征税表现为对生活和生产过程中的污染排放进行征税。

第三环节是"产品"环节，在该环节征税，是对自来水厂制成成品水时征收水资源税。

第四环节是"消费"环节，对该环节征税，表现为在自来水厂向消费者销售成品水时，向自来水厂或者消费者征收水资源税，这里存在向自来水厂征收或向消费者征收两种选择方式。两种方式理论上都可通过价格机制调节水资源消费，其间还是存在差别。选择对自来水厂征收，可以降低征税成本，但带来自来水厂资金预付和成本负担。可以考虑对自来水厂在消费环节征税，征税成本也低，由自来水厂代收代缴，可以减轻自来水厂资金占用负担。

第五环节是"处置"环节，在这个环节征税即为水污染税，属于环保税范围。

考虑到资源税与消费税、环境税等税种间互补关系，在水资源税改革时也要统筹水资源税与其他相关税种间的分工和协同。水资源税主要将各类天然水资源作为课税对象，水污染税则将企业排出的污水作为课税对象。清晰界定水资源税和水污染税的不同征收范围和环节，促使二者形成制度合力，对水资源开发与利用形成全面保护①。消费税和环境税（排污税）主要侧重校正产品使用所造成的环境外部成本②。绝大多数国家在开采环节征收资源税，并在其他环节征收消费税、环境税等税种。

我国水资源税改革试点方案将征税环节设置为直接取用水的"抽取"环节，调控结果主要表现为对直接开采水资源的企业及个人的约束。普通居民不属于水资源税的纳税人，导致原来水资源费的"转嫁"再无依据，而且降低对诸如居民生活用水等间接用水行为的制约程度。仅对开采者征税不能体现税收公平，应将水资源使用者也纳入水资源税纳税义务人的范围。因此，有必要对课税环节、居民纳税人及扣缴义务人进行完善，使居民对水资源税感同身受，提高节水意识。可以将课税环节设置为"包含所有的取水和用水环节"，并进而将纳税人规定为"所有取、用水的单位和个人"。在居民用水部分，考虑到降低征管成本的因素，可以将供水企业设定为居民用水的水资源税扣缴义务人③。

（二）纳税地点

《水资源税改革试点暂行办法》规定："水资源税由取水审批部门所在地的地方税务机关征收""由流域管理机构审批取用水的，水资源税由取水口所在地的地方税务机关征收""省内纳税地点需要调整的，由省级地方税务机关决定"。

理论上看，水资源纳税地点应为取水口所在地税务机关，既体现对资

---

① 王婷婷. 资源税扩围的法理逻辑与路径选择 [J]. 江西财经大学学报，2018（5）：129.

② 龚辉文. 资源税、消费税、环境税三者的关系 [N]. 中国税务报，2014－10－8（6）.

③ 陈少克，王银迪. 水资源税的性质与我国水资源税制的发展与完善 [J]. 税务与经济，2018（4）：104.

源征税的属地原则，也方便税款征纳。但实际中情况比较复杂，涉及利益相关者矛盾也较多。以新疆为例，自治区政府的 14 个地（州、市）及大部分县（市）与新疆建设兵团下属 13 个农业师、174 个农牧团场交叉错落。其间地下水互为依存，地表水共同开发利用，兵地水资源分割管理影响和制约了水资源开发利用与保护工作正常有效开展。由于体制问题，新疆建设兵团与地方政府在水资源分割管理等问题上一直没理顺关系，产生了兵地间水资源难以协调、统一管理的问题，也导致相关水资源管理制度难以落到实处，影响到全疆水资源开发、利用、配置和保护工作的正常开展[①]。

此外，还有水资源跨地区的地方政府间利益矛盾问题、地方政府与流域管理机构之间的利益矛盾问题等，都会对水资源税改革造成局部影响。以塔里木河流域为例，流域管理与区域管理事权长期以来划分不清，各地州、兵团师与塔里木河流域管理局权利相对独立，没有隶属关系和组织管理制度，各自为政进行水资源管理，时常发生超限额、超计划占用他人水资源和抢占挤占生态用水的问题[②]。因此，在类似问题上，更需要建立利益相关者参与机制，对利益矛盾与冲突进行缓解，实现利益共容。

（三）纳税义务发生时间

《水资源税改革试点暂行办法》规定："水资源税的纳税义务发生时间为纳税人取用水资源的当日。"河北、北京、天津、山西、山东、陕西、四川、宁夏 8 个省区市在水资源税征收管理办法中也照用了这一条款。河南省、内蒙古自治区对此进行了一点细化，河南省将"城镇公共供水企业、农村人口生活用水的集中式饮水工程水资源税的纳税义务发生时间为

---

① 王旭，龙爱华，陈鹏. 新疆水资源管理现状、挑战与改革探析［J］. 新疆水利，2012（4）：15.

② 王旭，龙爱华，陈鹏. 新疆水资源管理现状、挑战与改革探析［J］. 新疆水利，2012（4）：16.

纳税人销售水的当日"，内蒙古将"城镇公共供水企业水资源税的纳税义务发生时间为销售水资源的当日"。条款规定的细化不仅使办法在执行过程更加符合实际，也促使相关利益主体提高对制度的接受程度。车伟等（2002）曾对水资源税纳税义务发生时间进行过更加详细的建议：纳税人取用水资源后销售自来水、矿泉水等商品的，纳税义务发生时间为收讫销售款或取得索取销售价款凭据的当日；纳税人取用水资源自用的，纳税义务发生时间为取用水资源的当日；纳税人取用水资源发电的，纳税义务发生时间为收讫输供电款项或取得索取输供电款项凭证的当日[①]。适度细致、明晰的条款是基于对利益相关者实际情况的考察，也是对水资源税改革共容利益的体现和促进。

（四）纳税期限

《水资税改革试点暂行办法》规定："水资源税按季或者按月征收，由主管税务机关根据实际情况确定。不能按固定期限计算纳税的，可以按次申报纳税。"河北试点以纳税额大小不同进行了纳税期限的规定："主管税务机关应当在每年度 1 月 20 日前，根据纳税人上一年度月平均申报纳税情况，认定纳税人本年度的水资源税纳税期限，水资源税纳税期限认定标准为：上一年度水资源税纳税人月平均缴纳水资源税税额在 1 000 元以下（计算依据不含零申报月份），按季申报缴纳水资源税。纳税人月平均缴纳水资源税税额在 1 000 元以上（计算依据不含零申报月份），按月申报缴纳水资源税。"对较小额度纳税人来说减少了缴纳次数，在政策范围内一定程度上促进了利益相关者心理接受与税款征缴的平衡。民族地区水资源税的纳税期限可对其进行借鉴。

---

① 车伟，邬忠平，侯文锦. 开征水资源税的可行性研究 [J]. 四川财政，2002（8）：14.

五、严格恰当的税收优惠

税收优惠是指有关减免税的规定，是均衡税收调节作用的关键要素之一。合理的税收优惠，既体现对纳税人的保护，也是进一步平衡利益相关者利益差异、促进利益共容的有效手段。水资源税开征的主要目的是合理利用和保护水资源和水生态，促进水资源可持续利用。水资源税设立的初衷有特定的调节和保护水资源的目的，因而税收优惠应该尽可能减少[①]。水资源税制度中应秉持严格恰当的税收优惠原则，严格限制减免税范围以保证水资源税的调控作用和效果。同时，通过严格贯彻落实水资源税减征及免征政策，充分发挥税收优惠政策的正面引导作用。

水资源税的征收优惠，在原则上要考虑对人民生产生活及经济结构优化等方面的促进，并统筹兼顾社会公平、调控力度及征收难易度等因素。国外一些国家在设计水资源税税收优惠方面采取的一些优惠和激励性措施值得我们借鉴。例如，俄罗斯政府为农村居民生产及生活性用水设置了较低税率作为优惠，并建立退税机制奖励节水及降低排污水平，还对居民用户的供水企业予以优惠和照顾[②]。

对水资源税的优惠主要有两种形式：一是从低征收，如对农村生活集中式饮水工程供农村人口生活的取用水和超过规定限额的农业生产取用水等从低征税，对工程建设疏干排水回收利用等用水从低征税；二是免征或限额内免征，如对包括农村家庭生活和零星散养、圈养畜禽等少量取用水等六种情况可不缴纳水资源税，对农业生产用水有一定免税范围，对采用节水或循环技术、设备的企业可以给予一定减免优惠。部分试点省区市在国家指导意见基础上对水资源税优惠范围进行了细化，强化了指引性和针对性，但总体上，试点方案在税收优惠方面的规定还存在一定缺陷。长期

---

① 陈少克，王银迪. 水资源税的性质与我国水资源税制的发展与完善 [J]. 税务与经济，2018 (4)：104.

② 洪冬敏. 水资源税收制度构想 [D]. 蚌埠：安徽财经大学，2015：34.

来看，水资源税需要适度提高税负以实现调控作用，但统一的高税负必须照顾到居民的税收负担差异。我国现行水资源税试点方案并没有考虑对居民用水税收优惠条款的规定，在试点税费平移不增加负担的原则性下，只能采取较低税率标准，整体上弱化了水资源税的调节能力。[①] 水资源改革应结合水资源价格体系配套改革，对低收入者可采取补贴或减免部分水费等方式降低生活负担。

陈丹和马如国（2019）提出，宁夏回族自治区农村饮水安全工程大部分为高扬程、远距离输水，工程供水成本高，全自治区平均供水成本为 5 元/立方米以上，平均运行成本 3 元/立方米左右。大部分地区和工程不能实现按成本收取水费，如果再加收水资源税，水价成本随之增加，造成管理单位形成较多水费亏欠，加之缺少维修养护资金，致使工程管理难度大，严重影响工程正常运行和"脱贫富民"战略的实施。宁夏农村生活用水比较节约，饮水工程建设早且离城镇较近的农村人均日用水定额在 40 升左右，一户按 4 人计算，户均年用水量 50 米，下一步随着卫生、洗涤设施的配套，人均日用水量在 60 升左右，户均年用水量 67 米，远低于城镇居民生活用水标准。因此，农村生活用水量十分有限且是基本需求，对其征收水资源税难以达到节约用水的目的。建议给予省级人民政府一定的税收减免权限，对于以上特殊情况，可由省级财税部门向财政部、国家税务总局提出申请，经批准后，适当减免水资源税。

农业生产部门历来是耗水大户，占全社会用水量六成以上，此次水资源税改革目前对他们影响不大。从目前试点地区水资源税征收标准看，农业用水几乎不存在税负问题[②]，这样也不利于水资源税改革对水资源保护功能的发挥。因此，水资源税改革针对农业生产用水的免税限额一定要结合实际科学合理制定，既维护农民生产积极性，又能促进水资源节约利用和保护。河北省为保证平稳过渡，顺利开征水资源税，免征水资源税范围

---

① 陈少克，王银迪．水资源税的性质与我国水资源税制的发展与完善［J］．税务与经济，2018（4）：103.

② 邢伟．水资源税推广面临的问题与对策［J］．水利技术监督，2018（5）：57.

与《河北省水资源费征收使用管理办法》基本一致，考虑到农业生产取水限额难以确定，农用生产用水减免税另行规定。

此外，水资源取用计量设施的安装成本相对较高，进而影响计量设施安装率和覆盖率。在执行中，对于缺乏取水计量设施的将根据日最大取水能力核定取水量，这种规定和做法对取水户有一定压制性，易引起企业反感甚至征纳矛盾。针对满足取水标准但没有办理取水许可证的企业，采取加倍征收方式，让征纳矛盾变得更加突出，不利于税收征管工作顺利开展。取水许可证尤其是取水计量设施本质上是征税行为的条件，强制由纳税人承担征税条件的成本，既增加了纳税人负担，又容易引成征纳矛盾，制约水资源税的调节效果。可以采取投资退税、财政补贴、税收减免等形式，引导纳税人主动安装计量设施。

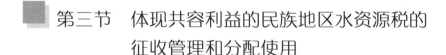

第三节　体现共容利益的民族地区水资源税的征收管理和分配使用

一、征管级次

征管级次是税收管理问题，即由哪一级税务机关行使税收征管权。税收管理权属于行政权，包括税款征收、日常管理、监督检查和采取行政措施等一系列工作内容，其核心是税款征收权[①]。

《水资源费征收使用管理办法》规定："水资源费由县级以上地方水行政主管部门按照取水审批权限负责征收""上级水行政主管部门可以委托下级水行政主管部门征收水资源费""全额纳入财政预算管理"。我国水资源费征收管理是由省、市、县三级水行政主管部门负责，然后按照比

---

① 王玉玲．民族自治地方税权论［M］．北京：中国社会科学出版社，2011：216–217．

例分配使用。三级征管主要是与取水许可证审批权的统一。一般来说，流域管理机构审批的，例如民族地区较为典型的水电企业，由取水口所在地省级水行政主管部门征收；省水行政主管部门审批的，由取水口所在地县（市）水行政主管部门征收；取水口位于市辖区的，可由设区的市水行政主管部门征收。

水资源税改革后，按照《水资源税改革试点暂行办法》规定："水资源税由地方税务机关依照《中华人民共和国税收征收管理法》和本办法有关规定征收管理。"《水资源税改革试点暂行办法》并未对此进一步细化规定。从实际看，试点省区市对征管主体采取各级水行政主管部门向本级税务部门转移，水资源税由纳税人"生产经营所在地"的税务部门负责征收管理。按照有利于税收控管和方便纳税的原则，并且基于取水许可管理的实际需要，民族地区仍可沿用水资源费的三级征管模式，由三级政府税务部门按照属地、取水许可证及税额大小等因素划分征收。同时，由于国家宏观经济形势、"营改增"等因素影响，民族地区县级地方财政保障能力更显不足，在征管级次划分方面要尽可能向县级倾斜。这样做既是对于水资源税地区差异性的考虑，又是基于共容利益的设计。

二、征管主体

水资源具有流动性和连锁性等特殊性，西方一些国家的水资源税征管往往由多个部门协作完成，也有在单独部门内再设置制衡机制的情况，有利于提高征管效果。俄罗斯是税务部门与环保、水利、统计等多部门合作进行水资源税征管。荷兰是由其省政府下属的水资源委员会制定水资源税收和管理政策，水资源委员会由相关利益者代表组成，以便为不同利益主体代言和诉求，水资源税征收管理是由流域委员会和水利局共同配合并监督执行，各方的参与、平衡既体现了公平与民主，又利于水资源税收政策有效推行。

根据《中华人民共和国水法》规定，我国水资源实行"流域管理与区域管理相结合"的管理体制。由于水资源税计量、取水许可证发放和管理等技术性原因，水资源税的征收管理无法依靠税务部门单独完成。我国水资源税的征收管理机关是以地方税务部门为主，水行政主管部门为辅，以二者组合为征管主体，有时也需要如住建部门乃至流域管理机构等其他相关部门的协同合作。可以借鉴荷兰的经验，在需要时充分协调和发挥长江、黄河等流域水利委员会的作用，制订符合本流域实际的水资源税征管方案，实现对水资源更好保护①。

在水资源费改税之后，水行政主管部门由原来水资源费征管主体转变为水资源税征管中的辅助性主体，但其作用和价值并没有降低，在水资源税征管中承担着不可或缺的作用。从全局来讲，要从制度甚至水资源税立法上明确水行政主管部门的义务、职能和权利，充分调动其积极性。此外，取水量的计量需要水行政主管部门的密切配合，这是水资源税及时、严格征收的必要条件。《水资源税改革试点暂行办法》规定："水资源税改革试点期间，水行政主管部门相关经费支出由同级财政预算统筹安排和保障。对原有水资源费征管人员，由地方政府统筹做好安排。"水资源费改税对于原来负责水资源费征收的水行政主管部门将产生较大影响，失去部分工作经费来源，需要国家在公共预算层面相应增加资源管理部门因为承担资源税征收协力义务所需经费，消除资源税扩围的部门阻力②，这是实现利益共容的必然要求。目前，水资源费的征收与各地水行政主管部门日常工作特别是取水许可证发放密不可分，将现行收费改为征税后，由税务部门独立全权负责水资源税的直接征收具有相当困难。因此，各级税务部门可充分利用水行政主管部门的优势，合作征收。另外，对一些税务部门不便控管的税源，委托相关单位代征。

---

① 洪冬敏. 水资源税收制度构想［D］. 蚌埠：安徽财经大学，2015：34－35.
② 王婷婷. 资源税扩围的法理逻辑与路径选择［J］. 江西财经大学学报，2018（5）：130.

三、征管流程

严格而科学合理的税收征管是资源税扩围能否成功的保障。水资源税征管流程涉及两个政府职能部门利益相关者主体：一是作为主导者的税务部门，其职能以"征"为主，以征促管；二是作为必要辅助者的水行政主管部门，其职能是以"管"为主，以管辅征。前者具有经过长期依法治税形成的较强征管机制和体系，是水资源税征管中的主体；后者具有通过长期管水治水形成的较强组织和经验等保障能力，在水资源费改税中，由原来的征管主体变为现在的必要辅助。水资源税改革的有效执行，是税务部门和水行政主管部门双方通力配合的结果。两者间密切高效合作必须有一个合理有效的机制为保障，同时，也要有二者作为重要利益相关者利益共容方面的保障。

目前，水资源税主要采用从量计征的形式，对用水量的有效核定是征管过程顺利开展的技术保证。水行政主管部门通过设备和技术核定的用水量，是税务部门进行税款征收的依据。在此现实条件下，河北试点探索实施了"水利核准、纳税申报、地税征收、联合监管、信息共享"的水资源税征管模式。水行政主管部门首先核定纳税人的取水量并核发《纳税人取用水量核定书》，纳税人到税务部门填报《税源登记表》并申报纳税，税务部门依据行业、水源、采区、管网范围、城市规模五个维度确定税额标准[①]。

通过科技信息手段处理税收征管中的信息问题，是降低税收成本、提高工作效能的必要手段。河北作为首个试点地方，建立了河北省水资源税取用水信息管理系统，并明确规定和划分了税务部门与水行政主管部门的权责、合作机制及工作程序。"水行政主管部门定期向纳税人所在地主管

---

① 王晓洁，郭宁，杨梦. 水资源费改税试点：成效、问题及建议［J］. 税务研究，2017（8）：46.

税务机关提供纳税人取水许可情况、实际取用水量、超计划取用水量、非法取水处罚等信息，并协助主管税务机关审核纳税人实际取水的申报信息。主管税务机关通过信息交换平台向水行政主管部门提供水资源税纳税申报等信息。"水资源税改革第二批试点基本上也按照类似的原则，对水资源税征管流程进行规定。下面以河北试点为例，对征管流程的五个原则进一步说明。

（1）水利核准。水利核准是纳税申报前的必要前置条件，由水行政主管部门负责。水行政主管部门对水计量设施、系统的安装及对取用水量的计量、核查，是保障水资源税款及时、普遍征收的前提。因此，要明确规定水行政主管部门在水资源税征收工作中对水资源监测、管理、计量、信息共享等配合的义务。

（2）纳税申报。考虑到部分纳税人税额较小，增加了按季申报方式。税务机关根据一定标准确定纳税人按季或按月缴纳水资源税。特殊情况不能按固定期限计算并缴纳税款的，可以申报按次缴纳。纳税人按月或者一季度为一个征纳期的，应自期满日起15日内按照核定的实际取水量计算并向主管税务机关缴纳水资源税。此外，水资源税纳税申报还增加了附报资料，供有水资源税减免项目的纳税人填报。

（3）地税征收。试点方案明确水资源"费改税"后由纳税人所在地税务机关主要负责征收管理。纳税人应在取得或变更取水许可证后15个工作日内，向税务机关提交备案。纳税人向水行政主管部门申报年度取用水计划，经批准后15个工作日内报送至主管税务机关。

（4）联合监管。考虑到水资源税由水行政主管部门和税务部门联合控管的实际情况，如在征管过程中发现问题，也应由双方联合核查落实监管责任。

（5）信息共享。为提高水资源信息传递的效率和质量，河北省地税局开发了水资源税信息交换平台，实现取水许可信息、取水量信息、申报征收信息共享。水行政主管部门应将核发取水许可证的情况录入信息交换平台，每月（季）定期向纳税人下发《水资源税纳税人取用水量核定书》，并于该征管期结束后 15 日内将取用水信息录入平台。税务部门也定期发送纳税申报等信息与水行政主管部门共享。

在水资源税征管过程中，除了税务部门和水行政主管部门这两个征管主体外，还有水资源税纳税人一方。水资源税征管过程的矛盾主要表现为征管方和纳税方的矛盾。矛盾的内容既涉及税率、税额高低等问题，也有征管流程中暴露出的一些特殊性问题，如前述内容中提到的取水许可证门槛较高导致无证违规取水问题，丰水区水位浅导致疏干水费用高昂问题等。这些特殊性问题更多有待于在试点实施过程中不断发现，通过利益相关者参与机制及时反馈、协商并妥善解决。

四、税款分配与使用

（一）税款分配

我国水资源行政性收费实行各级分账。根据《取水许可和水资源费征收管理条例》规定"征收的水资源费应当按照国务院财政部门的规定分别解缴中央和地方国库"，目前执行的比例是中央与地方 1∶9。县级征收的水资源费自留 70%，再分别上交市、省级政府 20% 和 10%；市级征收的自留 70%，再上交省级政府 30%。民族自治县征收的自留 75%，上交市、省级政府 20% 和 5%；自治州征收的自留 90%，上交省级政府 10%①。

按照《扩大水资源税改革试点实施办法规定》，在试点期间，水资源税收全部归地方政府使用。河北水资源税试点方案延续了原先水资源费 1∶9 的央地分成比例，但在缴纳南水北调工程基金期间，水资源税收入暂不上交国家。河北试点方案规定，试点期间水资源税按照 65∶35 的比例在省与市（含定州、辛集市）、省财政直管县（市）之间进行分配。

对于水资源税的归属，学术界主要有两种观点：一是作为地方税，二

---

① 车伟，邹忠平，侯文锦．开征水资源税的可行性研究［J］．四川财政，2002（8）：12－13.

是作为中央和地方共享税。按照税费平移原则，9 个试点省区市 2016 年水资源费收入为 133 亿元，从水资源税数额来看，中央 10% 的分享并不显著。水资源税的收入职能不是主体职能，税收收入意义不大①，从属于矫正负外部性的生态职能。但水资源系统具有强连锁性，水资源保护管理应建立统一协调的管理体制②。由此，《中华人民共和国水法》规定了"流域管理与区域管理相结合"的水资源管理体系，兼顾水资源连锁性和管理的区域性需要。各流域管理机构作为水利部派出机构，其职能体现国家在流域性水资源管理中的作用。这一管理体系本身意味水资源税收入不能作为地方独享税，中央政府需要分享水资源税。因此，水资源税改革若将水资源税完全作为地方税，将制约通过"流域管理"进行有效水资源保护的业务需要，进而影响水资源税应有性质。

节水需要通过征税规则实现，水资源保护需要通过用税规则实现。理论上，为统筹治理、高效治理、公平再分配水生态利益、保障纳税人水资源权利、配合司法改革，水资源税收益应由央地共享；实践中，我国现行水资源管理体制、职权分配、涉水行政规费划分，以及国外水资源良治的先进经验，表明水资源收益应由央地共享③。

2014 年《深化财税体制改革总体方案》中，明确将"事权与支出责任相适应"作为中央与地方间财政关系的基本原则。从水资源管理事权角度看，并不完全由地方政府承担，水资源税不应该由地方政府独享。例如，在水资源保护设施建设投资中，按照项目受益程度来决定中央政府和地方政府的投资比例。陈少英和王一骁（2016）通过梳理现行法律关于水资源管理事权划分的情况，认为水资源问题往往是跨区域、系统性问题，目前中央、省和县级政府都承担一定的水资源管理事权，对于宏观统筹解决水资源及水生态问题具有积极意义。水资源管理事权划分中，中央政府

①　董碧娟. 扩大试点施行 4 个月——水资源税调节作用初显［N］. 经济日报，2018 – 4 – 17（8）.

②　金瑞林. 环境法学（第三版）［M］. 北京：北京大学出版社，2013：219.

③　陈少英，王一骁. 论水资源税生态价值之优化——以央地收益权分配为视角［J］. 晋阳学刊，2016（2）：130.

承担的事权虽然条目多，但实际工作量并不大，因此，地方政府在分配中应占绝对分享比例①。因此，水资源税收入应当作为中央和地方分享税，在保证水资源税专款专用于水资源保护的前提下，合理划分水资源税在央地政府之间分配比例②。

水资源具有非常强的地域特征，应按照"取之于水，用之于水"的原则，进行水资源税分配。资源税分配中，应向基层政府倾斜③，加大旗县分成比例，与其事权相匹配，增强工作积极性。内蒙古调研中发现，呼伦贝尔市水政支队将审批权交给旗县水行政管理部门，旗县基层承担了三级政府任务，工作力量有待加强。

此外，还存在跨省水电站水力发电用水水资源税分配问题。例如，广西有天生桥一级水电站、天生桥二级水电站、平班水电站三座跨省水电站，其水资源费与相关省份的分成比例为5∶5。还有一些目前存在争议的，如龙滩水电站、百色水利枢纽等电站，虽然坝址在广西境内，但其淹没区覆盖了云南、贵州部分地区，并且相邻省份安置了部分库区移民，此类电站如何收费国家没有明确的说法，目前也尚未协商一致。在广西水利部门征收水资源费期间，云南等相邻省份要求进行分成，并要求在分成比例上对他们予以倾斜。以龙滩水电站为例，每年征缴的水资源费近1亿元，如果要跟相关省份五五分成，就目前的征收额来说，费改税后该电站的水资源税将有5 000万元左右分配给相邻省份，以后类似的电站都将可能出现要求分成的情况，这将对广西财政造成一定影响④。张俊军和秦书辉（2021）认为，财税利益应向资源地倾斜，有利于保护资源，但有两点特殊：一是水力发电，地点易引发矛盾，要按照跨省分配处理；二是通过

———————————

① 陈少英，王一骁．论水资源税生态价值之优化——以央地收益权分配为视角［J］．晋阳学刊，2016（2）：133－135．

② 陈少克，王银迪．水资源税的性质与我国水资源税制的发展与完善［J］．税务与经济，2018（4）：103．

③ 王玉玲，胡颖欣，赵晓明．民族自治地方资源税权与资源税扩围［J］．广西民族研究，2018（1）：128－135．

④ 张俊军，秦书辉．广西开征水资源税的调查与思考［J］．经济研究参考，2021（10）：85．

管道异地取水，从加强资源所在地保护出发，应以取水口所在地为纳税地点。

将水资源税作为中央地方共享税，按照特定目的税进行管理，更有利于水资源税发挥保护水资源、改进取水用水方式、提高利用效率的作用。将绝大比例水资源税收入分配给地方政府，有利于稳定地方财力格局，便于地方政府因地制宜制定和落实政策，调动基层部门的征收积极性，达到矫正负外部性、保护水资源的目的；少部分归属中央政府，符合水资源管理的实际情况，有助于水资源宏观调控与管理。

（二）税款使用

我国对水资源费使用的规定是专款专用，"主要用于水资源的节约、保护和管理，也可以用于水资源的合理开发"，即"取之于水，用之于水"。各地实际工作中存在诸如使用方向、使用方法及使用管理不规范等问题，甚至出现水资源费使用脱离水行政主管部门的问题。

目前，水资源税试点省区市将水资源税与其他税收一起统筹使用，但并未指明水资源税具体用途。水资源税职能决定税款收入使用。矫正负外部性、保护水资源及水生态是水资源税的主体职能，收入职能是辅助职能，服务于主体职能。负外部性分为代内负外部性和代际负外部性。当代人及后代人都是水资源税的利益相关者，但后代人缺乏对当代水资源开发和利用的投票权。水资源税改革需要通过相关代言人如公益环保组织等来间接表达后代人的利益，这种代际利益均衡及补偿需要通过体现国家政治权力的资源税调节和实现。矫正代内和代际两种负外部性，是水资源税的主体职能。扩围资源既具有资源价值，更具有生态价值，在当前时代背景及新发展理念下，后者更为重要。资源税扩围要明确并坚持矫正负外部性这一职能定位[1]，这是对代内利益相关者与代际利益相关者利益共容

---

[1]　王玉玲，胡颖欣，赵晓明．民族自治地方资源税权与资源税扩围 [J]．广西民族研究，2018（1）：132.

的长期保障。

水资源税是一个特定调节税目，体现国家对水资源开发利用的宏观调节，将水资源税按照特定目的税进行管理，有利于水资源税主体职能发挥。民族地区水资源税扩围首先要端正水资源税的主体职能，水资源税作为一项特定目的税，要与国家水政策目标保持统一，即通过水资源税专款用于水生态建设和水资源的保护实现水资源税的生态价值目的，收入职能为主体职能服务，进而实现水资源生态价值与经济价值统一。基于此，水资源税的税款不能一般地用于公共服务均等化，只能在特定（用水）领域实现公共服务水平提升①。

对征收的水资源税税款要实行专款专用，纳入财政预算，建立专项资金，进行专门保管和使用。这样既明确水资源税用途，促进利益相关者形成共识，还能保证水资源税职能和目的实现。水资源税款应主要用于以下几个方面：水生态环境治理和恢复，对水生态环境重大破坏事件查处，水利工程和农业节水灌溉系统建设，水资源保护技术开发及节水设备生产，补贴因限制用水、水资源开发而利益受损的群体②等。这些用途不仅考虑水资源节约和保护、水生态治理，还考虑到因水资源开发、利用的利益受损群体，体现出人与水和谐统一、人与人利益共容。

---

① 陈少克，王银迪. 水资源税的性质与我国水资源税制的发展与完善 [J]. 税务与经济，2018（4）：99.
② 李晶，叶楠. 水资源征税依据、经验与影响 [J]. 税务研究，2016（5）：5.

结　　语

本书从共容利益视角出发，以民族地区水资源税改革为研究对象，全文分为五个部分进行论述。

第一章对民族地区水资源及水资源费、税制度改革历史研究，作为后续研究的逻辑起点和基础。首先，分析民族地区水资源状况，总结民族地区水资源特征：总量丰富、地域差别大，时空分布差异悬殊，开发投入需求巨大；其次，梳理民族地区水资源费制度演进历程，划分为地方性征收探索、全国普遍征收建立、全国普遍征收完善三个阶段；最后，分别研究局部地区自主征收阶段的民族地区水资源税制度和试点征收阶段的民族地区水资源税制度，其中试点征收阶段选择第一批试点河北及其两个民族自治县和第二批试点中内蒙古、宁夏两个民族自治区的水资源税改革进行细致考察，总结试点经验，并发现一些实际问题。

第二章对民族地区水资源税改革中利益相关者研究。首先，规定民族地区水资源税改革中的利益相关者，即在民族地区水资源税改革中有"利害关系"的人，也包括有间接利益的群体或对该问题感兴趣的群体，并明确利益、利益主体性是利益相关者的动因和动力；其次，详细分析居民、企业和政府在民族地区水资源税改革中的利益；最后，从相关性和优先性两个角度对利益相关者进行结构分析，进一步深化对民族地区水资源税改革中利益相关者的认识。

第三章对民族地区水资源税改革的利益矛盾分析。首先，从利益关系、利益差别等环节归结利益矛盾为相关主体间利益的对立统一关系；其次，从央地政府、政府职能部门间矛盾关系入手，将政府内部矛盾归结为权力与责任的矛盾；最后，将民族地区水资源税改革中利益相关者的总体性矛盾归结为经济利益与生态利益动态的统一。

第四章对民族地区水资源税改革的共容利益分析，作为水资源改革共容利益的内涵与基础。首先，从理论层面及少数民族传统水制度中共容利益思想的现实层面规定共容利益，民族地区水资源税改革的共容利益是一个动态均衡的过程和结果，是利益相关者当前共同利益及长期趋向于共同的动态利益；其次，将共容利益的实现机制明确为利益相关者参与的协商治理模式，并对利益相关者参与的必要性、动力、原则、层次和主要阶段进行分析。

第五章以共容利益为内涵，展开民族地区水资源税制度框架设计。首先，明确民族地区水资源税制度设计的指导思想，即以民族地区水资源社会综合效用最大化为目标，以利益相关者的利益共容与增进为原则，利益相关者参与因地制宜设计地方特色税制；其次，细致研究并规定水资源税的税制要素，包括纳税人和征税对象，价税分离下从量为主的计征方式，差别、动态税率，纳税环节、地点和期限，严格恰当的税收优惠；最后，对水资源税征收管理和分配使用进行了探讨和规定。确保水资源税改革顺利进行，最终实现民族地区水资源和社会经济可持续发展。

本书的研究结论主要包括以下内容。

（1）水资源税是具有生态价值的资源税。由注重水资源物质性产品用途到注重其生态性功能的转变，是民族地区水资源税改革的前提和基础。水资源税改革不仅要实现对水资源的"节约、保护"，还要实现"合理利用"，即通过对水资源两种用途合理配置实现社会综合效用最大化。

（2）民族地区水资源税的职能。民族地区具有独特的水资源禀赋、自然生态及经济社会条件，是水资源税改革的重点地区。民族地区水资源税具有以下三个功能：一是促进节约、保护、合理开发水资源；二是促进水生态环境保护；三是筹集财政资金。其中，第一个功能是直接目的和主体功能，以水资源保护为主。第二个功能以第一个为基础，以水生态保护为主。前两个职能体现为弥补外部性的社会经济调节职能，是对水资源开发利用主体产生的负外部性收税。第三个功能居附属、从属地位。

（3）共容利益是评价民族地区水资源税改革成果的标准。水资源税改革不仅对促进民族地区水资源节约、保护和合理利用有重大意义，并且对民族地区经济社会发展、民族团结共荣具有积极意义。民族地区水资源税改革，从社会经济系统看，要实现水资源开发利用的社会综合效用最大化；从水资源开发利用主体看，是要实现利益相关者的共容利益最大化。水资源的物质、生态特殊性，水资源税改革的利益相关者具有一定正相关性和共容性，因此一定具有共容利益，并且共容利益是动态均衡的过程和结果。水资源税改革如何有序推进，能否顺利落地，取决于是否较高程度上实现利益相关者的共容利益。

（4）体现共容利益的民族地区水资源税改革，要采取利益相关者参与因地制宜探索的改革模式。利益主体的差异构成复杂交错的利益关系和利益矛盾系统。民族地区水资源税改革的共容利益是动态均衡的过程和结果，是利益相关者当前共同利益及长期趋向于共同的动态利益。利益相关者参与的协商治理模式是实现民族地区水资源税改革共容利益的有效机制。结合利益相关者、民族地区特殊的水资源禀赋、时空分布和社会经济发展水平等因素，细致研究并系统性设计，达到相关利益者的利益共容与增进，确保水资源税改革顺利进行，实现民族地区水资源可持续利用。在民族地区水资源税改革的利益相关者参与中，应采取"协商"层次为宜，是政府主导下的利益相关者参与和协商。利益相关者参与的原则有尽早参与原则、广泛参与原则和知识均衡原则。利益相关者参与的主要阶段有利益相关者识别、建立关系网络、信息共享与能力建设、积极参与和有效性评估及调整。

（5）利益相关者识别是民族地区水资源税改革的首要环节。任何税制改革，归根到底都是利益相关者的利益调整。民族地区水资源税改革中的利益相关者，是受到民族地区水资源税改革影响的群体，在其中有"利害关系"的人，也包括有间接利益的群体或对该问题感兴趣的群体。根据我国现阶段水资源开发、利用实际，本书将民族地区水资源税改革利益相关者划分为以下几个主体：居民（城镇居民、农村居民）、企业（一般工商企业、水电企业、其他典型涉水经营主体）、政府部门（中央政府、民族地区地方政府、政府职能部门）、当地居民后代和民间团体等间接利益主体。利益相关者结构分析可以深化对利益相关者的认识。按照相关性可将利益相关者分为三大类：①直接、当代利益相关者。主要包括居民和企业，这两个利益主体在水资源税改革中所受到影响最直接。②间接、代际利益相关者。主要包括当地人类后代（及作为其生存条件存在的非人类物种）和间接利益群体。③利益协调者、主导者和统一者，即政府，包括中央政府、民族地区地方政府和相关行政职能部门。政府也是利益矛盾中的一方，在水资源税改革中，政府被赋予了特殊的身份，既是直接利益相关者，也是间接利益相关者，更是直接、当代利益和间接、代际利益的协调者、主导者和统一者。按照在水资源税改革中的优先性，可将利益相关者分为确定型、预期型与潜在型利益相关者。①确定型利益相关者。包括企业、政府和城镇居民。②预期型利益相关者。包括一般农民社区、偏远少数民族社区、当地人类后代、一般公众、媒体。③潜在型利益相关者。包括民间团体、教育机构、科研机构等间接利益群体。

（6）正确认识并归结民族地区水资源税改革中的利益矛盾，是实现与增加水资源税改革利益共容的基础和前提。利益矛盾是相关主体间利益的对立统一关系。政府、企业、居民三方是社会经济的重要组成部分，也是水资源税改革中三大主要利益相关方，其间的利益关系和矛盾呈现出水资源税的社会总体矛盾，即经济利益与生态利益的矛盾。这一矛盾并非既定和静止的，会随社会经济发展及政策、制度的约束而不断演化。由于水资源的特殊性和政府、企业、居民三方以人为主体的长远利益统一性，这一矛盾的演化发展必然趋向于共容和统一。

（7）民族地区水资源税制度框架设计要体现共容利益。民族地区水资源税制度设计要遵循以民族地区水资源社会综合效用最大化为目标、以利益相关者的利益共容与增进为原则及利益相关者参与因地制宜设计地方特色税制为指导思想，在此基础上基于共容利益进行民族地区水资源税制设计，包括公平合理确定纳税人及征税对象，实行价税分离下从量为主的计征方式，差别、动态的税率，合理的纳税环节、地点和期限，严格恰当的税收优惠等。

参 考 文 献

一、中文参考文献

著作类

[1]［美］埃莉诺·奥斯特罗姆. 公共事物的治理之道：集体行动制度的演进［M］. 上海：上海译文出版社，2012.

[2]［意］埃里希·科齐勒. 税收行为的经济心理学［M］. 国家税务总局税收科学研究所译. 北京：中国财政经济出版社，2012.

[3]［美］爱德华·弗里曼. 战略管理：利益相关者方法［M］. 上海：上海译文出版社，2006.

[4]［美］爱德华·弗里曼等. 利益相关者理论：现状与展望［M］. 北京：知识产权出版社，2013.

[5]［美］B. 盖伊·彼得斯. 税收政治学：一种比较的视角［M］. 郭为桂，黄宁莺译. 南京：江苏人民出版社2008.

[6]［德］黑格尔. 法哲学原理：或自然法和国家学纲要［M］. 范扬、张企泰译. 北京：商务印书馆，1961.

[7]［德］黑格尔. 逻辑学（下卷）［M］. 杨一之译. 北京：商务印书馆，1961.

[8] 穆治霖. 环境立法利益论［M］. 武汉：武汉大学出版社，2017.

[9]［美］詹姆斯·安德森. 公共决策［M］. 北京：华夏出版社，1990.

[10]［美］史蒂文·F. 沃克等. 利益相关者权力［M］. 北京：经济

管理出版社，2005.

[11] [美] Y. 巴泽尔. 产权的经济分析 [M]. 费方域，段毅才译. 上海：上海三联书店、上海人民出版社，1997.

[12] [美] 约翰·罗尔斯. 正义论 [M]. 何怀宏等译. 北京：中国社会科学出版社，1988.

[13] [瑞典] 约瑟芬·古斯塔夫森等. 欧盟利益相关者参与水资源管理手册——欧盟的实践与经验 [M]. 北京：中国水利水电出版社，2012.

[14] [英] 史蒂文·米森等. 流动的权利 [M]. 北京：北京联合出版公司，2014.

[15] 曹晓丽等. 公共项目利益相关者沟通机制研究 [M]. 北京：经济科学出版社，2015.

[16] 陈庆云. 公共政策分析 [M]. 北京：中国经济出版社，1996.

[17] 陈少克，陆跃祥. 税制结构的性质与中国税制改革研究 [M]. 北京：经济科学版社，2013.

[18] 崔景华. 资源税费制度研究 [M]. 北京：中国财政经济出版社，2014.

[19] 杜健勋. 环境利益分配法理研究 [M]. 北京：中国环境出版社，2013.

[20] 丁煌. 政策执行阻滞机制及其防治对策 [M]. 北京：人民出版社，2002.

[21] 方兰. 中国农业灌溉活动中利益相关者行为研究 [M]. 北京：科学出版社，2016.

[22] 高岸起. 利益的主体性 [M]. 北京：人民出版社，2008.

[23] 胡迟. 利益相关者激励：理论方法案例 [M]. 北京：经济管理出版社，2003.

[24] 洪远朋等. 经济利益关系通论——社会主义市场经济的利益关系研究 [M]. 上海：复旦大学出版社，1999.

［25］江若玫，靳云汇．企业利益相关者理论与应用研究［M］．北京：北京大学出版社，2009．

［26］姜文来．水资源价值论［M］．北京：科学出版社，1999．

［27］刘江荣．国有企业历史责任——中国高新技术产业发展的主干与主导［M］．北京：新华出版社，2016．

［28］刘永佶．黑格尔哲学［M］．北京：中国社会科学出版社，2017．

［29］刘永佶．劳动主义（下卷）［M］．北京：中国经济出版社，2011．

［30］刘永佶．农民权力论［M］．北京：中国经济出版社，2007．

［31］刘永佶．中国少数民族经济学（第三次修订版）［M］．北京：中国经济出版社，2013．

［32］刘永佶．中国政治经济学方法论［M］．北京：中国社会科学出版社，2015．

［33］马国忠．水权制度与水电资源开发利益共享机制研究［M］．成都：西南财经大学出版社，2010．

［34］马克思恩格斯全集（第1卷）［M］．北京：人民出版社，1956．

［35］马克思恩格斯全集（第21卷）［M］．北京：人民出版社，1965．

［36］马衍伟．中国资源税制改革的理论与政策研究［M］．北京：人民出版社，2009．

［37］马永喜．水资源跨区转移的利益增值与利益补偿研究［M］．北京：中国农业出版社，2016．

［38］毛泽东．毛泽东选集（第1卷）［M］．北京：人民出版社，1996．

［39］毛泽东．毛泽东选集（第3卷）［M］．北京：人民出版社，1996．

［40］取水许可和水资源费征收管理条例［M］．北京：中国法制出版社，2016．

［41］施正一．民族经济学教程（修订本）［M］．北京：中央民族大学出版社，2007．

［42］世界银行国家民族事务委员会项目课题组．中国少数民族地区自然资源开发社区收益机制研究［M］．北京：中央民族大学出版社，2009．

［43］陶友之．企业利益论：市场主体微观利益关系研究［M］．上海：复旦大学出版社，2009．

［44］涂晓芳．政府利益论——从转轨时期地方政府的视角［M］．北京：北京大学出版社，2008．

［45］王文长．开发经济学［M］．北京：海潮出版社，1999．

［46］王文长．民族视角的经济研究［M］．北京：中国经济出版社，2008．

［47］王伟光．利益论［M］．北京：中国社会科学出版社，2010．

［48］王玉玲．财政共治论［M］．北京：新华出版社，2014．

［49］王玉玲．民族自治地方税权论［M］．北京：中国社会科学出版社，2011．

［50］席卫群．扩大资源税征收范围问题研究［M］．北京：中国财政经济出版社，2017．

［51］许善达．中国税权研究［M］．北京：中国税务出版社，2003．

［52］杨汉兵．生态资源利用的利益相关者行为分析［M］．北京：经济科学出版社，2016．

［53］杨海坤．跨入新世纪的中国宪法学——中国宪法学研究现状与评价（上）［M］．北京：中国人事出版社，2001．

［54］郑杭生，殷昭举．多元利益诉求时代的包容共享与社会公正［M］．北京：中国人民大学出版社，2014．

［55］郑晓云．水文化与生态文明［M］．昆明：云南教育出版社，2008．

［56］中华人民共和国水法［M］．北京：中国法制出版社，2016．

［57］周国雄．博弈：公共政策执行力与利益主体［M］．上海：华东师范大学出版社，2008．

［58］周仕雅．财政层级制度研究——中国财政层级制度改革的互动论［M］．北京：经济科学出版社，2007．

［59］庄万禄．四川民族地区水电工程移民政策研究［M］．成都：四川民族出版社，2007．

论文类

［1］白彦锋．论中央与地方之间的税权博弈［J］．税务研究，2008（10）．

［2］蔡红英等．资源税改革：基于理论与实践的演变逻辑［J］．税务研究，2014（2）．

［3］曹永潇等．我国水资源费征收和使用现状分析［J］．水利经济，2008（3）．

［4］车江洪．论自然资源的价值［J］．生态经济，1993（4）．

［5］车伟等．开征水资源税的可行性研究［J］．四川财政，2002（8）．

［6］陈丹，马如国．宁夏水资源税改革试点探索与对策建议［J］．中国水利，2019（13）．

［7］陈鸿，张纯德．开发利用少数民族水文化保护水资源——以彝族水文化为例［J］．思想战线，2011（s2）．

［8］陈家刚．协商民主引论［J］．马克思主义与现实，2004（3）．

［9］陈礼丹．水资源利益相关者分类方法研究［J］．江苏商论，2017（6）．

［10］陈鹏等．水源保护地旅游业发展中利益相关者的合作博弈机制［J］．统计与信息论坛，2010（9）．

［11］陈少克，王银迪．水资源税的性质与我国水资源税制的发展与完善［J］．税务与经济，2018（4）．

［12］陈少英，王一骁．论水资源税生态价值之优化——以央地收益权分配为视角［J］．晋阳学刊，2016（2）．

［13］陈翔．川西民族地区水电开发中少数民族利益保障制度研究［D］．兰州：西北民族大学，2009．

［14］陈祖海，陈莉娟．民族地区资源开发利益协调机制研究——以清江水电资源开发为例［J］．中南民族大学学报（人文社会科学版），2010（6）．

［15］程玲俐．水资源价值补偿理论与川西民族地区可持续发展［J］．西南民族大学学报（人文社科版），2004（6）．

[16] 邓秋柳，黄怡．我国水资源税制的设计构想 [J]．统计与决策，2008（17）．

[17] 董德新．俄罗斯水资源税简介及对我国的启示 [J]．福建税务，2002（8）．

[18] 杜灵芝．我国开征水资源税问题的探讨 [D]．天津：天津财经大学，2011．

[19] 段治平．我国城市水价改革的历程和趋向分析 [J]．经济问题，2003（2）．

[20] 方国华．我国水资源费征收管理情况调查分析 [J]．水利经济，2002（5）．

[21] 方国华等．论水资源费的性质和构成 [J]．河海大学学报（自然科学版），2000（6）．

[22] 冯保清．我国节水灌溉利益相关者关系分析 [J]．中国水利，2013（21）．

[23] 付湘．利益相关者的水资源配置博弈 [J]．水利学报，2016（1）．

[24] 付兴艳．西北民族地区水资源生态补偿问题研究 [D]．兰州：兰州大学，2008．

[25] 高登奎，沈满洪．水能资源产权租金的必然分解形式——开发权出让金和水资源费 [J]．云南社会科学，2010（1）．

[26] 高萍，殷昌凡．设立我国水资源税制度的探讨——基于水资源费征收实践的分析 [J]．中央财经大学学报，2016（1）．

[27] 耿香利．河北省水资源税改革试点的意义及面临的问题 [J]．经济论坛，2016（8）．

[28] 顾德瑞．水资源税征管协作机制探究——基于试点文本的整体考察 [J]．中国石油大学学报（社会科学版），2021（1）．

[29] 郭家骥．西双版纳傣族的水信仰、水崇拜、水知识及相关用水习俗研究 [J]．贵州民族研究，2009（3）．

[30] 郭志仪，姚慧玲．环境税相关主体利益的博弈及其制度安排

[J]. 税务研究，2011（7）.

[31]［澳］何包钢，陈承新摘译. 中国协商民主制度［J］. 浙江大学学报（人文社会科学版），2005（3）.

[32] 贺麟. 黑格尔的同一、差别和矛盾诸逻辑范畴的辩证发展［J］. 哲学研究，1979（12）.

[33] 洪冬敏.“费改税”基础上的水资源税税率确定［J］. 赤峰学院学报（自然版），2015（5）.

[34] 胡词敏. 对水资源税计征模式的思考［J］. 河北企业，2018（9）.

[35] 胡浩. 水资源价值与价格研究综述［J］. 石家庄经济学院学报，2003（3）.

[36] 胡明，曹志鹏. 现行水资源费征收制度存在的问题及解决思路［J］. 人民长江 2007，38（11）.

[37] 胡明. 现行水资源费征收制度存在的问题及解决思路［J］. 人民长江，2007（11）.

[38] 黄龙光，杨晖. 论社会变迁视域下云南少数民族传统水文化的变迁［J］. 学术探索，2016（5）.

[39] 黄龙光.“因水而治”——西南少数民族传统管水制度研究［J］. 西南边疆民族研究，2014（2）.

[40] 黄龙光. 论西南少数民族水文化的主要特征［J］. 内蒙古大学艺术学院学报，2017（3）.

[41] 黄龙光. 少数民族水文化概论［J］. 云南师范大学学报（哲学社会科学版），2014（3）.

[42] 黄萍. 关于我国实行水资源税的思考［J］. 商业经济，2009（12）.

[43] 黄燕芬，李怡达. 资源税扩围改革研究——以水资源税为例［J］. 价格理论与实践，2016（6）.

[44] 黄凤羽，黄晶. 我国水资源税的负担原则与 CGE 估算［J］. 税务研究，2016（5）.

[45] 贾生华，陈宏辉. 利益相关者的界定方法述评［J］. 外国经济

与管理，2002（5）．

［46］姜文来，王华东．我国水资源价值研究的现状与展望［J］．地理学与国土研究，1996（1）．

［47］金善基．新疆维吾尔族的坎儿井文化［D］．北京：中央民族大学，2006．

［48］柯涌晖，赵明．人文地理学视野下少数民族地区自然资源价值重构与开发——以西藏朗县矿水资源开发为例［J］．西北民族大学学报（哲学社会科学版），2017（2）．

［49］李甫春．西部地区自然资源开发模式探讨［J］．民族研究，2005（5）．

［50］李国友．政府自身特殊利益问题初探［J］．社会主义研究，1999（5）．

［51］李晶，叶楠．水资源征税依据、经验与影响［J］．税务研究，2016（5）．

［52］李俊英．全面认识"应收尽收"——关于税收执法问题的思考［J］．中国科技信息，2006（20）．

［53］李慧玲，胡词敏．我国水资源税计征方式研究［J］．河南财经政法大学学报，2018，33（6）．

［54］李维星．我国水资源费改税政策述评［J］．中国物价，2018（8）．

［55］李献士等．我国水资源现状与可持续利用对策研究［J］．当代经济管理，2007（6）．

［56］李香云．新疆和田地区脱贫发展中的水资源问题［J］．水利发展研究，2017（2）．

［57］李晓琴．甘肃省少数民族地区农业水费问题的探讨［J］．甘肃水利水电技术，2002（2）．

［58］李星．河北省水资源税改革示范效应评价［J］．北京师范大学学报（自然科学版），2020（3）．

［59］李雪松．中国水资源制度研究［D］．武汉：武汉大学，2005．

［60］李燕．现代企业社会责任的法学思维分析［J］．法制与经济，2018（3）．

［61］李志勇．从水资源费到地下水资源税——基于河北省的水资源税费改革方案探微［J］．公共财政研究，2015（4）．

［62］李子贤．红河流域哈尼族神话与梯田稻作文化［J］．思想战线，1996（3）．

［63］栗明．社区环境治理多元主体的利益共容与权力架构［J］．理论与改革，2017（3）．

［64］梁宁等．以色列水资源税制度经验与启示［J］．水利经济，2020（6）．

［65］柳长顺．关于创新"集体水资源"管理制度的初步思考［J］．中国水利，2012（19）．

［66］刘春宇，陈彤．油气资源开发中中央和地方利益分配机制探讨［J］．新疆社科论坛，2007（2）．

［67］刘福荣等．宁夏水资源税改革实施进展及建议［J］．中国农村水利水电，2021（12）．

［68］刘箐．探析我国水资源税制设计及俄罗斯相关经验借鉴［D］．西安：长安大学，2011．

［69］刘姝芳，刘茂林．水资源税改革试点的税额合理性评价［J］．水利科技与经济，2021（9）．

［70］刘泰洪，朱培蕾．现实选择与理性诉求：地方政府自身利益的实践逻辑［J］．上海行政学院学报，2010（2）．

［71］刘泰洪．地方政府间竞争的路径演变和路径依赖［J］．天津社会科学，2010（1）．

［72］刘通天．关于开征水资源税的思考［J］．广东经济，2016（5）．

［73］刘伟平等．关于水资源费征收管理情况的调研［J］．中国水利，2003（A03）．

［74］刘维哲，王西琴．关于农业水资源税改革的若干思考［J］．中

国物价，2021（1）.

[75] 刘阳乾. 论农村水资源费"费改税"改革的必要性 [J]. 水利经济，2006（5）.

[76] 刘玉春等. 水资源费问题分析 [J]. 河北农业大学学报，2002（4）.

[77] 刘植才. 我国资源税制度改革发展的回顾与展望 [J]. 税务研究，2014（2）.

[78] 吕福新. 简论水资源费的性质和定义 [J]. 水利经济，1992（2）.

[79] 吕永鹏等. 贵州省黔东南苗族侗族自治州水资源可持续利用策略 [J]. 自然资源学报，2009（6）.

[80] 马克和. 国外水资源税费实践及借鉴 [J]. 税务研究，2015（5）.

[81] 马晓东. 水资源风险与政府责任——以三江源区为例 [J]. 学术论坛，2012（10）.

[82] 马宗保，马清虎. 试论西北少数民族传统生计方式中的生态智慧 [J]. 甘肃社会科学，2007（2）.

[83] 聂蕾. 构建我国水资源税制的思考与对策 [D]. 南昌：南昌大学，2007.

[84] 牛文旭等. 浅析河北省水资源收费标准的理论依据和方法 [J]. 河北企业，2016（12）.

[85] 潘小玲，邓莹. 旅游景区开发中核心利益相关者分析 [J]. 现代商贸工业，2010（7）.

[86] 彭定赟. 俄、荷、德三国水资源税实践——兼论我国水资源税费改革 [J]. 涉外税务，2013（4）.

[87] 蒲志仲. 自然资源价值浅探 [J]. 价格理论与实践，1993（4）.

[88] 邵学峰. 马克思主义利益观、公平分配与中国税制改革 [J]. 理论前沿，2008（2）.

[89] 邵学峰. 资源租理论与资源税研究——基于马克思主义经济学视角 [J]. 当代经济研究，2016（11）.

［90］沈大军，朴哲浩. 浅谈水资源费［J］. 中国水利，2000（2）.

［91］沈大军. 水资源费征收的理论依据及定价方法［J］. 水利学报，2006（1）.

［92］沈琳等. 国外保护水资源财税政策的简介与启示［J］. 国际税收，2009（3）.

［93］施菁. 水资源价格改革的利益分配机制创新［J］. 价格月刊，2013（4）.

［94］史云贵. 共容利益狭隘化：破解国家荣衰兴亡周期律的一种新解释［J］. 社会科学，2012（3）.

［95］水资源税（费）政策研究课题组. 中国水资源费政策的现状问题分析与对策建议［J］. 财政研究，2010（12）.

［96］苏力. 从契约理论到社会契约理论——一种国家学说的知识考古学［J］. 中国社会科学，1996（3）.

［97］田贵良，高廷艳. 水资源税改革对缺水地区工业用水效率的影响［J］. 资源与产业，2022（3）.

［98］汪朝辉. 关于我国开征水税的构想［J］. 湖南工业大学学报，2004（3）.

［99］王克强等. 我国水资源所有权与使用权完善的研究［J］. 财经研究，2004（4）.

［100］王萌. 资源税与资源租、资源费的比较［J］. 北方经济，2010（19）.

［101］王敏. 欧盟水资源税（费）政策对中国的启示［J］. 财政研究，2012（3）.

［102］王敏. 中国水资源费征收标准现状问题分析与对策建议［J］. 中央财经大学学报，2012（11）.

［103］王倩倩. 健全事权与财力相匹配的民族自治地方财政体制［J］. 地方财政研究，2008（6）.

［104］王世杰，黄容. 水资源费改税对企业的影响［J］. 当代经济，

2016（34）.

[105] 王婷婷. 资源税扩围的法理逻辑与路径选择 ［J］. 江西财经大学学报，2018（5）.

[106] 王文长. 民族自治地方资源开发、输出与保护的利益补偿机制研究 ［J］. 广西民族研究，2003（4）.

[107] 王霰. 我国水资源费征收制度研究 ［D］. 南京：河海大学，2004.

[108] 王喜峰等. 中国统一水资源税税额体系研究 ［J］. 西北大学学报（自然科学版），2020（1）.

[109] 王晓洁等. 水资源费改税试点：成效、问题及建议 ［J］. 税务研究，2017（8）.

[110] 王旭等. 新疆水资源管理现状、挑战与改革探析 ［J］. 新疆水利，2012（4）.

[111] 王玉玲，雷光宇. 基于税收法定原则的民族自治地方资源税扩围 ［J］. 西南民族大学学报（人文社科版），2019，40（1）：117-122.

[112] 王玉玲. 论民族自治地方的税收收益权——由新疆资源税改革引发的思考 ［J］. 民族研究，2011（1）.

[113] 王玉玲. 论少数民族地区生态环境利益补偿机制——以云南省迪庆藏族自治州为例 ［J］. 中央民族大学学报（哲学社会科学版），2006（3）.

[114] 王玉玲. 西藏资源税立法：历程、评价与改进 ［J］. 地方财政研究，2013（9）.

[115] 王玉玲. 中央与民族地区财政关系视角的资源税改革 ［J］. 中央民族大学学报（哲学社会科学版），2018（2）.

[116] 王玉玲等. 民族自治地方资源税权与资源税扩围 ［J］. 广西民族研究，2018（1）.

[117] 王云娜等. 云南少数民族传统文化对水资源管理的影响研究 ［J］. 云南农业大学学报：社会科学版，2012（5）.

［118］伍红，罗鑫鑫. OECD 国家水资源税费政策及其对我国的启示［J］. 求索，2011（4）.

［119］武岳. 我国水资源税改革的试点情况及对煤炭企业的影响［J］. 科技经济市场，2020（4）.

［120］吴正，田贵良，胡雨灿. 基于开放式水资源嵌入型 CGE 模型的税改政策经济影响与节水效应［J］. 资源科学，2021（11）.

［121］席卫群.“清费立税”下水资源税开征的必要性及构想［J］. 社会科学家，2016（9）.

［122］席卫群. 逐步推进资源税扩围改革［J］. 经济研究参考，2016（66）.

［123］席卫群. 租、税、费内涵辨析下的资源税扩围改革［J］. 地方财政研究，2016（10）.

［124］肖兴志，李晶. 我国资源税费改革的战略选择［J］. 社会科学辑刊，2006（3）.

［125］邢伟. 水资源税推广面临的问题与对策［J］. 水利技术监督，2018（5）.

［126］徐东明，李萌. 水资源费征缴调研情况研究——以湖北省为例［J］. 财政监督，2013（8）.

［127］许再成. 经济增长进程中的利益组织共容性分析［D］. 合肥：安徽大学，2010.

［128］严耕等. 中国生态文明建设发展报告 2015［M］. 北京：北京大学出版社，2015.

［129］易志斌. 基于共容利益理论的流域水污染府际合作治理探讨［J］. 环境污染与防治，2010（9）.

［130］易小明，刘庆海. 差异论［J］. 吉首大学学报（社会科学版），1993（2）.

［131］尹永刚. 浅议腾冲县水资源费征收工作［J］. 水利发展研究，2015（10）.

［132］原文娟．完善我国水资源税制的思考［J］．中国市场，2017（13）．

［133］张炳淳，陶伯进．突破与规制：民族自治地方自然资源自治权探讨［J］．西安交通大学学报（社会科学版），2012（6）．

［134］张春玲．水资源恢复的经济补偿初探［J］．中国水利，2004（9）．

［135］张德勇．资源税改革中的租、税、费关系［J］．税务研究，2017（4）．

［136］张范．"跑马圈水"的经济动因及其对策［J］．中国水利，2005（18）．

［137］张航，胡欣蕊．水资源税改革能提高用水效率吗？——基于多期双重差分模型的实证检验［J］．保定学院学报，2022（4）．

［138］张军．环境利益与经济利益刍议［J］．中国人口·资源与环境，2014，24（S1）．

［139］张俊军，秦书辉．广西开征水资源税的调查与思考［J］．经济研究参考，2021（10）．

［140］张敏等．水资源"绿色"税改成效初显——河北省水资源税改革试点一周年纪实［J］．中国财政，2017（18）．

［141］张馨．论我国民族自治地方的税收立法权［D］．北京：中央民族大学，2015．

［142］张玥．浅析水资源利益的公平分配［J］．时代金融旬刊，2013（11）．

［143］赵艾凤，张予潇．水资源税对用水量和用水效率的影响研析——以资源税试点扩围为准自然实验［J］．税务研究，2021（2）．

［144］赵艾凤，张予潇．水资源税改革试点效应的地区差异分析［J］．地方财政研究，2021（5）．

［145］赵瑾璐等．论利益相关者视角下的资源税改革［J］．山东社会科学，2014（6）．

［146］赵美珍．长三角区域环境治理主体的利益共容与协同［J］．南通大学学报：社会科学版，2016（2）．

［147］赵敏．论水资源费的本质、构成和确定［J］．水资源保护，1994（2）．

［148］赵锡斌，费显政．政府利益及其对经济政策的影响［J］．中州学刊，1999（2）．

［149］赵晓明，王玉玲．水资源税的合意性分析——与水资源租、费的比较［J］．会计之友，2019（10）．

［150］赵自阳等．河北省水资源费改税成效分析［J］．西北大学学报（自然科学版），2020（5）．

［151］郑传贵．"项目场域"利益相关者的心态、行为及角色定位——对G县水电项目的调查与思考［J］．安徽警官职业学院学报，2010（1）．

［152］郑海玉．政府利益与公共利益激励共容机制的构建［J］．法制与社会，2011（24）．

［153］郑晓云．红河流域少数民族的水文化与农业文明［J］．云南社会科学，2004（6）．

［154］郑晓云．云南少数民族的水文化与当代水环境保护［J］．云南社会科学，2006（6）．

［155］郑昕．当前我国水资源费征收存在的问题及对策建议——基于福建省的分析［J］．价格理论与实践，2009（5）．

［156］钟高峥，田官平．共容利益视角下的旅游景区开发博弈探析——以湘西州旅游开发为例［J］．怀化学院学报，2009（6）．

［157］钟红艳．滇黔桂边民族地区重大水资源开发移民政策落实效果分析——以桂边库区为例［J］．梧州学院学报，2012（4）．

［158］周叮波．滇黔桂边民族地区重大水资源开发移民生产生活现状实证调查分析——龙滩水电站库区移民调查［J］．百色学院学报，2013（6）．

［159］周菁．论我国开征物业税的政策选择及对各利益主体的影响［D］．北京：中央财经大学，2008．

［160］周颖．民族地区资源开发中的利益相关者研究［D］．武汉：中南民族大学，2011．

［161］朱为群．当前国有资源财政收入制度之弊端及其改革［J］．税务研究，2014（2）．

［162］庄万禄等．民族区域自治法与四川民族地区水电资源开发补偿机制研究［J］．内蒙古师范大学学报，2006（5）．

报纸类

［1］董碧娟．扩大试点施行4个月——水资源税调节作用初显［N］．经济日报，2018－4－17．

［2］马德明．我省水资源税改革红利释放［N］．河北经济日报，2017－1－19．

［3］龚辉文．资源税、消费税、环境税三者的关系［N］．中国税务报，2014－10－8．

［4］耿鸿江．探寻傣族聚居区水利发展的奥秘［N］．中国水利报，2007－6－28．

［5］胡建兵．"水资源税"作用初显 具体征收仍需细化［N］．中国商报，2018－4－24．

［6］李中刚．水资源税开征后，矿泉水企业该如何缴纳资源税？［N］．中国税务报，2018－10－9．

［7］唐碧．河北水资源税改：三高行业税负提高近50倍［N］．财会信报，2017－5－29．

［8］魏萍．我区环保税水资源税改取得预期效果［N］．宁夏日报，2018－4－23．

［9］郑晓云．重视少数民族水文化研究［N］．云南日报，2001－12－18．

［10］朱松梅．北京市农业灌溉用水将精确计量、收费［N］．北京日报，2017－7－9．

二、英文参考文献

［1］ Anna Jonsson. Public Participation in Water Resources Management：Stakeholder Voices on Degree, Scale, Potential, and Methods in Future Water Management ［J］. AMBIO – A JOURNAL OF THE HUMAN ENVIRONMENT, 2005 （7）.

［2］ Berck P, Moelange J, Stevens A, et al. Measuring Consumer Responses to a Bottled Water Tax Policy ［J］. Department of Agricultural & Resource Economics Uc Berkeley Working Paper, 2016, 98 （1）：aaw037.

［3］ Blair, J., Fottler, M. and Whitehead, C. Diagnosing the stakeholder bottom line for medical group practices：Key stakeholders' potential to threaten and/ or cooperate. Medical Group Managment Journal, 1996, 43 （2）：40.

［4］ Bryson, J. What to do when stakeholders matter. Public Management Review, 2004, 6 （1）：21 – 53.

［5］ Changbo Qin, Yangwen Jia, Z. （Bob）Su, Hans T. A. Bressers, Hao Wang. The economic impact of water tax charges in China：a static computable general equilibrium analysis ［J］. Water International, 2012, 37 （3）.

［6］ Dr. Dimitrovo Bubalis. Marketing the Competitive Destination of the Future ［J］. Tourism Management, 2000 （21）.

［7］ Freeman R E. Strategic Management：A stakeholder Approach ［M］. Boston：Pitman, 1984.

［8］ Grimble, R. and Wellard, K. Stakeholder methodologies in natural resource management：A review of principles, contexts, experiences and opportunities ［J］. Agricultural Systems, 1997, 55 （2）：173 – 197.

［9］ Grunig, M., Brauer, I. and Gorlach, B. Stakeholder Participation in AquaMoney. AquaMoney Publication：Evaluation of Stakeholder Participation in the DG RTD Project, 2008.

［10］ Kilimani N, Heerden J V, Bohlmann H. Water taxation and the

double dividend hypothesis [J]. Water Resources & Economics, 2015, 10:
68 – 91.

[11] Lawrence J. M. Haas. Introducing local benefit sharing around large
dams in West Africa [J]. International Institute for Environment and Develop-
ment, 2009: 1 – 38.

[12] M. Sabohi, GH. Soltani, M. Zibaie. Evaluation of the Strategies for
Groundwater Resources Management: A Case Study in Narimani Plain, Kho-
rasan Province [J]. Journal of Science and Technology of Agriculture and Natu-
ral Resources, 2007, 11 (1).

[13] Mitchell. A. and Wood. Toward a Theory of Stakeholder Identification
and Salience: Defining the Principle of Who and What Really Counts [J]. The
Academy of Management Review, 1997, 22 (4): 853 – 886.

[14] Mysiak J, Gómez C M. Water Pricing and Taxes: An Introduction
[M]. Use of Economic Instruments in Water Policy. Springer International Pub-
lishing, 2015: 15 – 20.

[15] Ortwin Renn. Stakeholder and Public Involvement in Risk Govern-
ance [J]. International Journal of Disaster Risk Science, 2015 – 03 – 15.

[16] P Sergio, The Financial Compensation for the Use of Water
Resources: The Valuation of Tribe as Social and Environmental Development of
Source Water Resources [J]. Revista de Direito Ambiental e Socioambientalis-
mo, 2015, 1 (1): 181 – 207.

[17] Pingli Li; Guliang Tang. A Stakeholder Framework on Performance
Measurement Design——Evidence from China [C]. Middlesex University Busi-
ness School Beijing Technology and Business University, 2006 – 06 – 24.

[18] Poindexter, G. C. Addressing morality in urban brownfield redevel-
opment: Using stakeholder theory to craft legal process. Virginia Environmental
Law Journal, 1995 – 6, 15 (1): 37 – 76.

[19] Sautter E T, Leisen B. Managing stakeholders: atourism planning

model ［J］. Annals of Tourism Research，1999，26（2）.

［20］Spicker. P. Social Policy：Themes and Approaches，London，PrenticeHal，1995：26.

［21］Xi Yanyan；Xu Erming. The Relationship between Stakeholder Orientation and Social Performance：A Legitimacy Management Model ［C］. Strategy in Emerging Markets：Management，Finance and Sustainable Development – Proceedings of 2013 International Conference on Strategic Management，2013 – 12 – 15.

［22］Yuhong ZHAO；Yan CHEN；Min ZHAO. Research on the Post Evaluation System for the Management Innovation of Water Conservancy Construction Projects——Based on Stakeholder Analysis ［C］. 第十一届全国经济管理院校工业技术学研究会论文集，2012 – 09 – 27.